共享经济时代的
企业信息披露
综合报告

Corporate Information Disclosure in Sharing Economy –
Integrated Reporting

张鲜华/著

中国财经出版传媒集团

经济科学出版社
Economic Science Press

图书在版编目（CIP）数据

共享经济时代的企业信息披露：综合报告/张鲜华著.
—北京：经济科学出版社，2016.12
ISBN 978 - 7 - 5141 - 7692 - 6

Ⅰ. ①共… Ⅱ. ①张… Ⅲ. ①企业情报 - 情报管理学
Ⅳ. ①G250. 255

中国版本图书馆 CIP 数据核字（2016）第 323225 号

责任编辑：杜　鹏　赵　芳
责任校对：王肖楠
版式设计：齐　杰
责任印制：邱　天

共享经济时代的企业信息披露
——综合报告
张鲜华/著

经济科学出版社出版、发行　新华书店经销
社址：北京市海淀区阜成路甲 28 号　邮编：100142
总编部电话：010 - 88191217　发行部电话：010 - 88191522
网址：www. esp. com. cn
电子邮件：esp@ esp. com. cn
天猫网店：经济科学出版社旗舰店
网址：http：// jjkxcbs. tmall. com
北京万友印刷有限公司印装
710 × 1000　16 开　13.75 印张　260000 字
2017 年 1 月第 1 版　2017 年 1 月第 1 次印刷
ISBN 978 - 7 - 5141 - 7692 - 6　定价：49.00 元

达尔文的进化论，虽然是关于生物界的适者生存，但似乎对其他领域也同样适用。对企业信息披露领域来说，依据此理论可推断出：只有那些足够强大、信息足够透明的企业才可能在这个风云变幻的世界中生存下去。

—— McWatters，C & Lemarchand，Y.（2010）[1]

---

① Cheryl S. Mc Watters 和 Yannick Lemarchand 于 2010 年发布在《会计、审计和受托责任》杂志上的研究论文《会计如何讲故事——18 世纪法国的商人行为和商业关系》（Accounting as Story Telling：Merchant activities and commercial relations in eighteenth century France，2010）。欲阅读全文，请浏览 http：//dx. doi. Org/10. 1108/09513571011010592。

金先生与综合报告
（代序）

　　"自2000年以来，我的心愿就是能为改善组织机构披露的信息质量，确保其可持续发展做出自己的贡献。对我来说，没有什么事情比在有生之年看到这个心愿实现更有意义的了。"

——Mervyn King（2014）①

　　随着综合报告（Integrated Reporting, IR）得到越来越多的关注，国际综合报告委员会（International Integrated Reporting Council, IIRC）主席默文·金（Mervyn King）先生的日程表也越排越满了。他正与同人们一道，为在全球范围内推介综合报告而忙碌奔波。

　　金先生与综合报告的结缘，始于20世纪80年代。那时的南非，种族隔离时期刚刚结束，正向新型的民主国家大步迈进。当时，40岁出头的金先生刚刚辞去了南非高等法院法官的职位，成为几家南非上市公司的独立董事。出于职业本能，他对公司治理投以了特别的关注。

　　时至1992年，从未进入经济领域主流的南非董事比例开始增多。已在公司治理领域小有名气的金先生接受了南非董事学会及会计专业机构的委托，着手制定成套的企业管理指引。当时可供参考的相关文件只有英国的《卡德伯利报告》（Cadbury Report）。为此，他招兵买马，成立专门小组，小组成员既包括约翰内斯堡证券交易所的主席，也有来自各行业的工会代表。两年后，即1994年，第一版的《南非公司治理金报告》（可

---

　　① 根据 Ruth Prickett 对 Mervyn King 先生的访谈《企业信息披露的变革：国际综合报告委员会主席 Mervyn King 先生谈如何通过长期致力公司治理，以改变了解企业的方式》（Transforming corporate reporting：IIRC Chair Mervyn King discusses his long involvement in corporate governance and his commitment to change the way we understand companies, 2014）整理。欲阅读全文，请阅读《内部审计师》（Internal Auditor）杂志的2014年4月刊，第58页。

简称为《金报告 I》，King Report on Governance for South Africa I）正式发布。随后，这个从未解散过的专门小组，在不断汇集各方反馈意见和实践经验的基础上，相继于 2002 年和 2009 年发布了第二版和第三版的《南非公司治理金报告》。

现如今，《南非公司治理金报告》早已成为公司治理领域的全球性样本，它主张治理方式由排外型向包容型转化。具体来说，排外型治理方式是指，即便企业知晓自身运营对社会或环境造成了负面影响，仍天然地将股东、价格和利润作为关注对象；而包容型治理方式，先要求董事会辨识出企业的利益相关方，并深入了解各方对企业的要求与期待，在确定任何决策是否有利于企业价值最大化的同时，还全面考虑该决策可能对财务、社会以及环境等方面形成的积极或消极影响。此外，《南非公司治理金报告》还设立了非强制性的"要么遵从，要么给予解释"原则，随后，该原则被其他类似法律法规广泛采纳。包容型治理方式在全球范围内得到如潮好评，金先生也因此受邀主持联合国公司治理指导委员会（UN Steering Committee on Corporate Governance），为联合国和世界贸易组织（WTO）修订治理与监督范畴的相关法规。

在金先生专注于改变公司治理的这些年份里，正是外部环境发生极大变化的时期，特别在进入 21 世纪之后，金融危机、气候变化、环境超载、人口爆炸等困扰整个人类的种种问题日益凸显。在此背景下，随着利益相关各方对企业的期望越来越高，新技术给企业带来的影响（包括如何与利益相关者沟通）愈加明显，作为市场经济有效运转基本前提要素的企业信息披露体系开始陷入尴尬：一方面，企业被置于史无前例的严格监管之下，要求披露的信息冗杂繁复，企业备受其累；另一方面，指导信息披露体系的原则、惯例仍根植于久远的过去，不断暴露出结构性缺陷，投资者及各方利益相关者的信息需求未能得到满足。全球范围内虽涌现出了这样或那样针对企业信息披露体系的倡议和活动，但大多致力于改变企业报告中的某类问题，影响有限。

针对此种尴尬，金先生在 2009 年的国际会计联合会（IFAC）上提出了综合报告理念。综合报告并非只是某一种"理想化"的报告形式，它需将企业的财务业绩和非财务业绩整合起来，说明企业如何创造出短、中以及长期价值，使各方对企业可持续发展状况做出充分而知情的评价。该理念一经提出便获得了业界关注，并促成查尔斯王子所召集的著名"圣·吉姆斯宫集会"。包括国际会计准则委员会（IASB）、美国财务会计准则委员会（FASB）、国际会计联合会（IFAC）、全球四大会计师事务所、国际证券委员会（IOSC）、世界银行（WBG）以及促进可持续发展世界商业理事会（WCSD）等机构均收到了此次集会的邀请。在不到一个小时的时间内，这些足以改变世界的大机构头脑们即达成共识：企业信息披露的未来在综合报告。国际综合报告委员会（IIRC）由此诞生。

　　然而，只有能被真正实践的理念才具有现实意义。国际综合报告委员会广泛征询意见，并协同全球 26 个国家的 140 家企业开展了实验性研究。直到 2013 年 12 月，国际《综合报告框架》（简称《框架》）正式发布。《框架》的目标在于用一套指导原则和内容元素确定综合报告的整体内容。

　　那么，对于对此领域尚不大熟悉的我国业内读者来说，实在有必要从"为什么说变革企业信息披露体系迫在眉睫"、"什么是综合报告，与发展至今的现行企业信息披露体系到底有何不同"、"综合报告能为企业及其利益相关各方带来什么样的益处"、"《综合报告》框架里到底包含了哪些内容"等问题开始，对于"综合信息披露来说，企业到底走了有多远"、"有践行综合报告的优秀案例吗"、"到底该如何实现综合信息披露"、"践行综合报告中，现实挑战是什么"以及"在公共行业内，综合信息披露是否可行"等方面进行深入了解。笔者将在随后的章节里，针对以上问题，逐一道来。

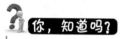

《卡德伯利报告》
（Cadbury Report）

　　20 世纪 80 年代，大公司相继倒闭。伦敦几家著名的审计与管理规范领域的研究机构就此于 1992 年提交了一份名为《社团法人管理财务概述》的报告，即《卡德伯利报告》。该报告在许多方面开创了英国甚至全球的公司治理领域先河，明确要求建立审计委员会、实行独立董事制度，同时将内部控制作为公司治理的组成部分。尽管尚存局限性，但它所确认的公司治理许多原则一直沿用至今。

目 录
Contents

什么是综合报告

综合报告，并非是可持续发展报告（或企业社会责任报告）的新模式或替代品，它是就机构（或企业）如何运营、如何在一定时间跨度内为自身和其他利益相关方创造价值等问题，以一种更整合的方式与投资者及各方进行沟通的信息披露方式。

——《演变中的企业信息披露路线图》
（加拿大特许会计师协会，2015）①

---

① 引自加拿大特许会计师协会2015年发布的《企业信息披露演变路线图——综合报告、可持续发展报告和环境社会治理报告》（Evolving corporate reporting landscape: Integrated reporting, sustainability reporting and ESG reporting, 2015），欲阅读全文，请浏览 https://www.cpacanada.ca/en/business-and-accounting-resources/financial-and-non-financial-reporting/sustainability-environmental-and-social-reporting/publications/evolving-corporate-reporting-voluntary-reporting-briefing.

第一章

现行企业报告体系，
为什么亟待变革

　　如今的市场信息需求，与仍停留在大萧条时期的企业信息披露体系之间存在着严重的不搭……证券交易委员会（SEC）坚守的仍然是 20 世纪 30 年代发展起来的季报和年报制度。然而，别忘了，那时的技术创新还是复写纸呢！①

——S. Barr（1999）

　　还记得那个国民经济核算指标 GDP（gross domestic product）吗？作为最重要的宏观经济统计指标之一，从生产角度，它能反映一个国家的生产规模和产业结构；从使用角度，它能反映一个国家的需求规模和结构；从地域角度，它能反映各个地区的经济总量、产业及需求结构……似乎无所不能地满足了各方面要求。然而，即便是超级无敌的 GDP，近些年也招来骂声一片：连过量采伐树木都会使 GDP 增加，那么，它能反映经济发展对资源环境的负面影响吗？只关注固定资本形成总额的大小，而忽略固定资产的质量如何，它能反映国家财富的变化吗？还有，GDP 能反映家务劳动这类非市场化的经济活动吗？在发达国家，家务劳动市场化程度高，对 GDP 的贡献也大，而在家务劳动市场化程度不高的发展中国家，又是另一番景象，那么，发达国家的 GDP 能与发展中国家的直接相比吗？如果收入分配存在不平等，那么，

---

　　① 引自 S. Barr 于 1999 年 9 月发表于 CFO 杂志（*CFO Magazine*）的《在利润管理方面，SEC 真正应当做什么》（What the SEC Should Really Do about Earnings Management, 1999）。

人均 GDP 的增加也并不能表明大多数人的福利状况得到改善了吧？

现行企业信息披露体系所面临的窘境，与曾经受到顶礼膜拜的 GDP 所面临的现状，有着些许类似。那么，一起近距离看看，现行企业信息披露体系到底为什么亟待变革？

一、企业经营环境发生了哪些变化

会计最早出现在古埃及和古巴比伦，而财务信息披露始于 20 世纪，并在 30 年代美国大萧条之后得以快速发展。至今，企业所披露的信息依旧以财务信息为主，指导原则以及惯例方面的改变也十分有限。那么，从 20 世纪 30 年代到今天，企业所运营的这个世界究竟发生了哪些变化呢？

• 自 1990 年起，有 30 个国家所拥有的金融资产已超出所在国家的 GDP；至 2006 年，这样的国家已达 72 个。在这 16 年间，全球金融资产从 43 万亿美元增至 167 万亿美元[1]，即便遭遇了 2008 年的金融危机，在之后的两年内（至 2010 年），79 个国家的金融资产总和也达到了 212 万亿美元。[2]

• 在美国，2009 年，有 148 家银行倒闭，到 2010 年，倒闭银行数增至 156 家；至 2014 年，即金融危机过后的第五个年头，倒闭的银行数目依然高达 18 家。[3]

• 根据 Ocean Tomo LLC 的研究，标准普尔 500 公司在 1975 年 83% 市值来自有形资产，至 1985 年，该比重降至 68%。截至 2015 年，来源于无形资产的市值达到了 84%（见图 1－1）。[4]

---

① 根据麦肯锡公司 2011 年发布的报告《绘制全球资本市场图》（Mapping Globe Capital Markets, 2011）整理。欲阅读全文，请浏览 http://www.mckinsey.com/industries/private-equity-and-principal-investors/our-insights/mapping-global-capital-markets－2011。

② 引自加拿大特许会计师协会 2015 年发布的《企业信息披露演变路线图——综合报告、可持续发展报告和环境社会治理报告》（Evolving corporate reporting landscape: Integrated reporting, sustainability reporting and ESG reporting, 2015），欲阅读全文，请浏览 https://www.cpacanada.ca/en/business-and-accounting-resources/financial-and-non-financial-reporting/sustainability-environmental-and-social-reporting/publications/evolving-corporate-reporting-voluntary-reporting-briefing。

③ 根据 Ocean Tomo 公司的报告《无形资产市场价值》（Intangible Asset Market Value, 2015）整理。欲阅读全文，请浏览 http://www.oceantomo.com/productsandservices/investments/intangible-market-value。

④ 根据麦肯锡公司 2011 年发布的报告《绘制全球资本市场图》（Mapping Globe Capital Markets, 2011）整理。欲阅读全文，请浏览 http://www.mckinsey.com/industries/private-equity-and-principal-investors/our-insights/mapping-global-capital-markets－2011。

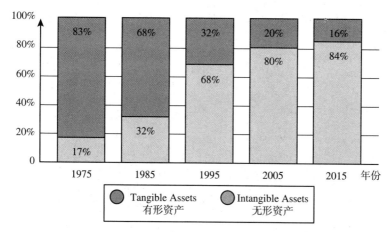

图1-1 标准普尔500公司市场价值的构成

资料来源：Ocean Tomo LLC 的《无形资产的市场价值》(2015)，经本书作者翻译整理。

• 据统计，在2007年，人类所消耗的资源已达地球所能供给的1.5倍。除非人类改变目前的行为模式，否则，至2030年，人类将要消耗2个地球的土地和资源，至2050年，甚至达到2.8个。①

• 世界银行在其《2015年度报告》中指出，虽然全球极端贫困率已在过去的25年间下降了2/3，但依然有将近10亿人每天的生活费达不到1.25美元。②

• 经济合作与发展组织（OECD）2010年的调查表明，全球500强中的400家公司对温室气体的排放进行了计量和披露③，但总体来说，温室气体的排放在全球范围内仍呈上升趋势。④

• 2015年，全球人口近73亿。截至2050年，预计接近95亿人。⑤ 到

---

① 根据世界自然基金会（WWF）的《2010年生命行星报告：生物多样性、生态承载力和发展》(Living Planet Report 2010：Biodiversity、biocapacity and Development) 整理。欲阅读全文，请浏览 http：//assets. panda. org/downloads/lpr2010. pdf。

② 世界银行（The World Bank）的《2015年度报告》(Annual Report，2015)。欲阅读全文，请浏览 https：//www. ifc. org/wps/wcm/connect/CORP_EXT_Content/IFC_External_Corporate_Site/Annual＋Report/2015＋Online＋Report/Printed＋Version/。

③ 根据经济合作与发展组织（OECD）的报告《转向低碳经济：公共目标和公司实践》(Transition to a Low－Carbon Economy：Public Goals and Corporate Practices，2010) 整理。欲阅读全文，请浏览 http：//www. oecd. org/corporate/mne/45513642. pdf。

④ 同上。

⑤ 根据美国人口调查局的国际数据库整理，可登录 http：//www. census. Gov/population/international/data/worldpop/table_population. php 查看。

21 世纪中叶，年龄超过 65 岁的人口将达到目前的两倍。在意大利、日本和西班牙，每三人中就会有一人是 65 岁或超过 65 岁的老人。

• 截至 2015 年，全球使用互联网的人口达 32 亿，其中 20 亿人来自发展中国家；使用中的移动电话超过 70 亿部，普及率达 97%。2000~2015 年间，全球互联网普及率从 6.5% 增至 43%。[①]

在此期间，从相对微观的企业经营环境来看，非财务资产和无形资产已日益成为驱动企业绩效提升的重要因素。同时，企业创造价值，更依赖于通过全球网络的协作，还要通过不断改变传统权力控制和影响的边界才能得以实现。价值创造也将不再只依赖于经济资源，还要同样依赖于社会和环境资源，正如著名的"三重底线原则"所指出的那样（见图1-2）。

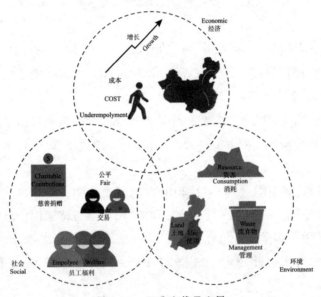

图 1-2　三重底线示意图

资料来源：维基百科，经本书作者翻译整理。

此外，尽管一些重要议题，如气候变化、金融稳定，并不受国家或物理

---

① 根据国际电信联盟（International Telecommunication Union）的报告《2010 年的世界：国际电信联盟的事实与数据》（The World in 2010：ICT Facts and Figures，Geneva，2010）整理。欲阅读全文，请浏览 http：//www.itu.int/en/ITU-D/Statistics/Documents/facts/ICTFactsFigures2015.pdf.

边界的限制，但跨国公司及其供应链无疑会对运营其中的社区形成经济、社会和环境等方面的影响。与此同时，社交媒体革命性地改变了全球范围内的信息传送方式：所有与企业活动相关的信息，全球感兴趣的观众都会即时得到；而日益高涨的企业社会责任（CSR）和可持续发展运动，更使企业时刻受到近距离审视，随时可能丧失大众的信任。

今天的企业，毫无疑问地置于被种种社会问题所搅动的旋涡中心：不但要创造价值、增加就业机会、管理资源、使投资人受益，还要应对宏观环境发生的变化，解决如何计量运营中不断涌现的新生要素问题，保持长期的价值创造能力，满足更广义的社会期待。因此，如何在此种瞬息万变的环境中与外界进行信息的沟通与交流，越来越成为企业绕不开的严峻话题。

二、企业报告领域发生了哪些变化

在信息披露领域，企业一直在尽力跟上经营和监管环境的变化，同时，也在努力满足投资者和其他利益相关方的信息需求。这些努力与尝试主要包括以下六方面。

- 为了满足全球化所带来的企业信息披露可比性要求，领域内的"游戏规则制定者"，即各大准则制定机构一直忙于推进不同准则间的趋同进程。

- 为了应对外部环境对非财务信息的需求，越来越多的新规则涌现出来，有针对不同地区的，有针对特定行业的，但总体尚呈零碎状态，全球性准则依然缺位。

- 以南非、丹麦为代表的先行国家（或区域）开始扩大信息鉴证（审计）范围，要求企业对自身在气候变化、资源使用、人口增长等方面披露的信息进行鉴证。例如，从 2010 年 2 月开始，南非要求所有的上市公司遵从《南非公司治理金报告（第三版）》发布综合报告（不遵从，要给予解释）；《丹麦财务报表法案（2008）》要求丹麦最大的 1100 家企业，从 2009 年 1 月 1 日起在年报中披露企业社会责任信息。

- 大公司纷纷开始披露可持续发展信息，但对此类信息的审计与鉴证，尚缺乏可参照的评价标准，经验还十分有限。

- 科技革命性地改变了信息披露方式：企业运营信息实时传递给全球范围内的读者已成为可能，XBRL 也日渐成为财务信息交流的通用语言与标准模式。与此同时，向股东提供纸质版年报的做法，在一些地区已成为历史。

- 以 Novo Nordik （诺和诺德公司，丹麦生物制药公司）、Philips （飞利浦，荷兰照明、电器及医疗器械制造商）、Rabobank Group （荷兰合作银行集团）、BASF （巴斯夫，德国化工企业）、American Electric Power （美国电力公司）、Natura Cosmeticos （巴西化妆品公司）、Veolia Environnement （威立雅环境集团，法国水务管理公司） 和 Man Group （母公司为英仕曼集团，英国投资管理公司） 等为首的先行公司，正率先尝试新型的信息披露模式，意欲将财务与非财务信息整合起来。

那么，在企业以及相关各方为顺应周遭经营和监管环境的变化做出以上种种努力之后，企业信息披露领域的现状如何呢？

三、企业信息披露领域的现状如何

近期，毕马威针对全球 16 个国家 270 家非金融业上市公司发布的年度报告进行了调查。[①] 在此次调查中的主要发现，可总结为以下六点。

- 虽然年报平均长度达 204 页，但依然未能真正满足投资者的信息需求。在所调查的年报中，饱受诟病的 "只关注历史财务信息" 顽疾依旧存在：财务报表平均占据了 42% 的篇幅；与此相比，用来描述业绩表现和前景展望的内容以及对企业商业模式和战略的说明，分别只占到 15% 和 14%，未能提供投资者最想得到的信息，即企业究竟正如何管理着自身的关键资源，以应对企业未来长期发展的需求？

- 虽然年报中的财务报表部分，因所在国度不同而长短各异（俄罗斯公司的财务报表只有 60 页，而意大利公司的长达 140 页），但并未做到内容

---

① 根据毕马威的《改善的空间：毕马威商业信息披露调查（第二版）》（2016）（Room for improvement – The KPMG Survey of Business Reporting, second edition, 2016） 整理。欲阅读全文，请浏览 http：//www. kpmg. com/PH/en/PHConnect/ArticlesandPublications/thoughtleadershippublications/Documents/2016/JuneJuly% 202016% 20Thought% 20Leadership% 20Publications/Room% 20for% 20improvement – The% 20 KPMG% 20Survey% 20of% 20Business% 20reporting-second% 20edition. pdf。

清晰，兼具相关性。年报所披露的财务信息绝非根据企业自身所处的特定环境和条件而"量身定制"，更多是为了遵从所在国家的信息披露法规要求。对于非财务信息，即对企业业绩的文字性描述部分，往往冗长重复，缺乏严谨性，根本不能反映出各议题间的轻重缓急差别。

● 年报未使用经营方面的关键业绩指标，因此，无法帮助读者对企业未来长期业绩形成自己的看法。只有11%的年报使用的关键业绩指标，可用于衡量企业是否健康发展（涉及品牌、研发、员工、效率、顾客以及产品等方面），同时，只有9%的年报披露了近五年的经营业绩情况。

● 年报未能用实际的关键业绩指标来阐明企业战略。虽然一些公司已开始有意识运用简单的关键业绩指标来说明业绩，但仅有17%的年报说明了企业如何赢得或保有顾客，15%的年报说明了如何发展品牌或市场占有份额，8%的年报说明了如何建设或保留专有技术或经验。

● 年报对商业模式的描述往往侧重于短期内的渐进式改进，未能深入分析企业自身战略。44%的年报在谈论企业战略时，只关注短期规划，73%的年报并未将顾客至上作为企业存在的主要目的，只有58%的企业将专有技术视为自身商业模式的关键组成部分。

● 年报对风险的分析，未能侧重于那些会影响到未来经营的风险。有4个国家，法规要求披露的风险项目平均达到20个，根本无法辨别重要风险都是什么。只有11%的年报说明了在一定时间跨度内该如何管理自身的风险预测，不到10%的年报对风险进行了分类，详细说明了风险是由战略选择造成的，或是与产品相关，或是由管理方面的改变所引起的。

最后，该报告总结道："此次调查的重点在于信息差（information gap），即在投资者用于评价企业经营状况及未来前景所需的信息，与他们能够从企业信息披露渠道实际获得的信息之间，存在着的信息差。其中，经营业绩的信息差又导致了商业模式和企业战略方面的信息差。只有对商业模式和企业战略进行全面说明，才可能为年报奠定一个良好基础，更为重要的是，也才可能为投资者带来信心。"

四、现行的企业报告体系，到底怎么了

那种认为现行企业信息披露体系称不上体系的观点，难免有失偏颇。所

谓的体系，是整合一系列元素，从而达到一个预设的目标。它由独立的部分组成，所有的组成部分之间又存在着联系，并相互影响。企业信息披露领域，由不同部分组成并相互影响的，是符合体系定义的。既然企业信息披露体系是成立的，那么，可以全局性地审视这个体系，了解其复杂性以及各组成部分之间是如何相互作用的。

（一）现行的企业信息披露体系

在特许管理会计师公会（CIMA）、普华永道（PWC）以及 Tomorrow's Company 合作发布的研究报告《未来的企业报告——风口浪尖中的重要体系》① 中，企业信息披露体系被形象地比作一个拼图板。在这个拼图板中，只有单个拼图碎片找到了属于自己的位置，才能够组成一幅优美的图画。那么，这些拼图碎片都是怎样的？

1. 企业的那块拼图

在一家管理不错的企业里，信息通过员工、顾客、供应商和其他外部源头由信息披露体系的各个入口端流入，管理层和董事会借助这些信息制定出有利于股东和其他利益相关方的决策。因此，在企业内部，无论是信息管理系统，还是财务团队或是数据处理人员，他们所能发挥的功效至关重要。从企业信息管理体系得到高质量的数据，并使其能够得到恰当的过滤与分析，是企业能够有效对外交流的基础。

然而，真实情况并非如此简单。第一，企业在年度报告中所披露的信息内容是受相关法规所规范的。这意味着，作为对外交流的核心工具，年报并不总能够传达企业真实、连贯的想法。第二，年报早已不再是企业唯一的对外交流渠道，它在某些时候甚至还不如分析师陈述、投资人简报、网络直播、企业官网、可持续发展报告、信用评级报告……来得更有决策价值。特别是，市场公告和分析师陈述，往往还会先于年报面世，为了尽量满足投资人需求，这些公告和陈述甚至包含了重要的重述信息。

---

① 根据特许管理会计师公会（CIMA）、普华永道（PwC）以及 Tomorrow's Company 于 2011 年发布的研究报告《未来的企业报告——风口浪尖中的重要体系》（Tomorrow's Corporate Reporting: A Critical System at Risk, 2011）整理。欲阅读全文，请浏览 https://issuu.com/cimaglobal/docs/tomorrows-corporate-reportingvfapr11。

2. 审计师的那块拼图

审计师在企业信息披露体系中的作用已历经多年的演化。虽然依然侧重于财务信息，但审计范围已在过去的几十年间扩展到更多类型的信息（例如，风险、公司治理、高管薪酬、内部控制、管理评论以及可持续发展，等等）。当然，对财务报表的审计要求是最为严苛的。

审计的法定实质与各方可接受的期望值之间始终存在着差距。例如，投资者并不能够确定年报中哪些信息是经过审计的？所有的量化信息是否都经过了审计？与此同时，在外界看来，审计师近些年来把更多的工作时间都花在判断审计行为本身是否遵循了相关审计准则以及财务信息是否符合日益繁杂的信息披露准则要求上了。此外，年报影响的日益下降也对审计在其中的作用产生了消极影响，因为投资人从市场公告和分析师陈述中得到的重要信息，并不在法定的审计范围之内（当然，这些信息渠道也有相应的监管机构）。值得一提的是，审计师已开始把企业对外披露的可持续性发展（或企业社会责任）报告列入鉴证范畴了。但是，此类鉴证的严格程度，还很难与对财务信息的审计相提并论，因此，其价值经常遭到质疑。

3. 股东和投资者的那块拼图

投资者并非是完全相同的一群人。有一些投资者可能仅仅对交易技巧感兴趣，而另一些，则可能更关注企业的长期业绩。因此，他们会因投资策略、周期以及目标的不同而需要不同类型的信息。

投资者信息来源有多种，并非都来源于所投资的企业，分析师、信息聚合网站、信用评级机构、市场调研公司、行业专家，甚至企业编制的可持续性发展报告，都可能成为投资者的信息来源。信息一旦离开企业，就会被其他信息分析师和一些聚合网站所用，与使用者能够得到的其他信息流汇集在了一起。

4. 其他信息使用者的那块拼图

投资者并不是企业信息的唯一使用者。债权人，如银行，也需要信息；

政府部门当然也是企业信息的使用者；而信用评级机构，既是信息的使用者，也是信息的提供方，通常拥有能够直接接触到企业信息的特权；非营利组织已成为日益重要的企业信息使用者，它们想迫切追踪企业运营对所在社区的影响。这些都直接或间接地促进了企业主动披露其在经济、环境、社会和公司治理等方面的业绩。

5. 准则制定者和监管方的那块拼图

现行企业信息披露体系的核心，依旧是受国家监管框架控制的财务信息披露。要使地区间的信息具有可比性，需要通过准则制定者和监管者共同来驱动。截至目前，旨在全球范围内实现信息可比的国际财务报告准则，已然出现并被日渐广泛采用。然而，如何更好地应用和实施国际财务报告准则，讨论仍在继续。现实状况是，很多国家虽强制遵从国际财务报告准则，但因与当地的审计准则和实践并不配套，实现信息的可比性依旧任重而道远。这一点，监管方其实也是心知肚明的。

此外，管理评议、公司治理、高管薪酬和可持续性发展等方面的信息披露，仍然取决于当地的监管与实践现状。尽管最佳实践被广为宣扬和分享，早已超越了国别界线，但依旧缺乏促进趋同的相应机制。

至此，如果能把拼图碎片完美拼接在一起，展现在面前的的确应当是一个复杂的体系图画。然而，其中缺失的，显然是各拼图碎片之间的协作。这类似于那个著名的"盲人摸象"寓言中所描述的场面：每个盲人不仅对整头大象没有一致的看法，还因为看不到全景，只能依据自己能摸到的这一块而形成了谬之千里的错误判断。在企业信息披露体系中，如果每个相关方能够看到的只是全景中自己的那一块拼图，那么，整个体系的失灵似乎也就不足为奇了。

（二）现行企业信息披露体系中的主要问题

尽管最可能看到全景的还是企业自身，但由于信息披露体系中的所有参与方未能完全参与其中，对企业信息披露目的缺乏共同的认识，导致整个体系缺乏一致性，使得拼图板上仍是一些断续的画面。现行企业信息披露体系中存在的主要问题，可以总结为以下五点。

1. 各方在交流，但却不在同一频道上

同在企业信息披露体系中的各方，却鲜见观点或语言上的一致，对于体系本身并没有达成共同的看法，对下一步该如何改进也从未形成共识。单就企业来说，早已形成了一种信息利己主义：一些企业，将年报视为营销工具；另一些则只将其看作一份遵从法规的文件；更有一些，利用信息披露体系，使之成为粉饰自身的美丽橱窗。

由于"公共利益"在体系中没有清晰的定义，且尚存争议，因此，不同利益相关方占据着不同的立场：投资者希望能够预测企业的未来业绩；非营利组织希望了解企业如何有效处理某一类特定问题……最终，大型的信托机构和企业的主要投资人就自然而然地联合起来做起了"公共利益"的代言人。

同时，企业信息披露体系中还长期存在着一些对立矛盾的关系，如长期和短期之间，或信息的可比性和重要性要求之间，等等，至今也未能得到有效解决。

2. 体系内子体系众多，但永不交集

为了满足不同利益相关方的要求，企业信息披露体系内出现了彼此相互平行的子体系。最初的体系仅仅关注财务信息，随后出现了投资者关系和可持续发展信息披露体系。平行的子体系间因未能达成共同目标，因此，也不可能协调成为一体。以投资者关系为例：当信息披露出现重大问题时，投资者关系信息往往会充当某种"变通工具"，以弥补主要信息数量或及时性的不足。

3. 信息数量冗杂，但未能讲好故事

无数的元素被组合进财务信息披露体系中，从而形成了一张充满了各种详尽规定和标准的网，而这些规定和标准却恰恰阻碍了企业清晰说明企业目前和未来的真实经营情况。尽管仍有人认为，现行体系所披露的信息是有用和必要的，甚至还需要更多，但另一些人认为，数量上还在不断增长的信息，已经严重伤害到了信息的质量。

越来越复杂的信息披露法规意味着，企业不但未能清晰描画出自身实际的经营情况，并且毫无疑义地在消极影响着参与各方的行为。信息披露只是一个遵从法律法规的过程，并不是在以企业的业绩、战略和长期价值创造为主题讲出的好故事。

4. 外部环境日新月异，但内部变革毫无动力

现行信息披露体系的复杂程度，一部分是由准则和法规导致的；另一部分则要"归咎"于快速发展和日益复杂化的商业环境。它迫切需要新型的思考方式和能力。现行体系中的参与者，其知识和技能，还远未延伸至经营模式、风险、智力资本、人与文化、碳排放、资源利用等非财务信息披露的相关领域中。

相应地，尽管存在着多种信息交换机制，但不可否认，很多重要信息仍被忽略掉了。即便有少数人看到了变革的必要，但现行信息披露体系的参与各方并没有动力支持变革，从某种程度上来说，更希望保持现状，因为变革可能会无情地降低各方在现行体系中既得的"权威与地位"。

5. 关注的还是历史，忽视了更重要的未来

现行财务信息披露体系提供的大部分仍旧是历史信息，尽管使用者更需要的是与未来相关的信息。通常，只有危机当前，企业信息披露体系才可能发生变化。目前，企业要在全球化经济、社会和环境相互交集的范围内经营，所有的体系均处在巨大压力之下。过去，此类问题往往都被看作企业经营的外部性，但在未来，就恐怕不是这回事了。只有向前看，运用新的方式来评估企业行为，才可能形成一个能够迎接未来挑战的体系，而不是仅仅补救已经出现的问题。企业财务信息披露体系必须参与其中，主动适应此种变化。

总之，信息好比资本市场赖以生存的血液，关系到生死存亡。无论是从信息的形式、范围还是信息质量来说，企业信息披露体系都应该与日益变化的商业环境和价值创造相协调。虽然这个体系一直没有停止发展的脚步，但毋庸讳言，它因变得越来越强调技术性，而正逐渐丧失应有的信息交流功能。要适应这个瞬息万变的世界，重获利益相关各方的信任，企业信息披露

体系面临着巨大挑战：不但要披露更明晰更简洁的信息，还要所有参与各方改变固有的意识、行为，甚至文化，从更广阔的视角看待自身在体系中所处的位置。变革终将不可避免。

 你，知道吗？

未来的全球变化

根据 Al Gore 所著的《未来：全球变化的主要驱动力》（The Future:Six Drivers of Global Change）一书，未来的全球变化主要为：

- 向低碳经济转变；
- 商业模式因科技而提升了对资产的利用，因而在共享经济中保护了资源；
- 日益成熟的可持续金融、不断增长的需求、逐渐改变的消费模式实质、更好的计量和报告分析工具；
- 呼唤找到除 GDP 之外的经济增长计量方式；
- 千禧一代对于代际可持续发展行为和态度更强烈的热情和承诺。

第二章

综合报告，是什么

新的企业信息披露体系，应能够应对全社会面临的挑战，确保经济系统的稳定（当然，偶尔的动荡在所难免）。变革不可能在一夜间完成，但企业社会责任（CSR）依然是这场变革的基础，只是目前的 CSR 运动进展太过缓慢，还需要用更加系统和协作的方式将 CSR 各要素的力量聚合起来。

——《未来的企业报告——风口浪尖中的重要体系》

（CIMA、PwC & Tomorrow's Company，2011）[①]

在未来的 25 年里，企业信息披露体系对整个商业世界及经济系统的稳定至关重要，因此，形成于 20 世纪、只侧重于财务信息的现行企业报告体系必将承受种种压力。随着可持续发展日渐成为贯穿世界性议题的主线，全社会的关注焦点也从股东价值最大化转向如何创造共享价值。换句话说，创造共享价值，就是企业要有所作为，降低对社会形成的负面影响，把内部的财务收益与外部社会环境业绩结合起来，作为衡量自身成功的标准。为了适应此种改变，企业信息披露领域正在酝酿着一场变革，在这场变革中，综合报告（integrated reporting）已初露峥嵘。

[①] 根据特许管理会计师公会（CIMA）、普华永道（PwC）以及 Tomorrow's Company 于 2011 年发布的研究报告《未来的企业报告——风口浪尖中的重要体系》（Tomorrow's Corporate Reporting: A Critical System at Risk，2011）整理。欲阅读全文，请浏览 https://issuu.com/cimaglobal/docs/tomorrows-corporate-reportingvfapr11。

一、什么是综合报告

根据国际综合报告委员会（IIRC）的权威定义，"综合报告是对机构的战略、治理、绩效和前景在机构外部环境背景下，在短期、中期和长期如何创造价值进行沟通的简练文件。"[①] 在这里，价值创造可理解为企业经营活动和产出所引发的资本增加、减少和转化的过程。

同时，国际综合报告委员会声明，综合报告旨在：

• 提高财务资本提供者可获取信息的质量，实现更具效率和效果的资本配置；

• 在借鉴各种不同的公司报告流派的基础上，促成一种更连贯、更有效的公司报告方法，以反映所有对机构持续价值创造能力产生重大影响的因素；

• 加强对广义资本（财务、制造、智力、人力，社会与关系以及自然）的问责制和受托经管责任，提高对资本间相互依赖关系的理解；

• 支持以短期、中期和长期价值创造为重点的整合性思维、决策和行动。[②]

综合报告与现行企业报告体系的不同之处，归纳起来如表 2-1 所示。

表 2-1 综合报告与现行企业报告的比较

比较项目	现行的企业报告	综合报告
思维模式	断续的	整合的
管理对象	财务资本	所有类型的资本
关注焦点	过去的、财务的	过去和未来的、关联的、战略的
时间跨度	短期的	短期的、中期的和长期的
可信程度	局限地披露	透明度更高

---

①② 2013 年 12 月，国际综合报告理事会（IIRC）发布国际《综合报告框架》（简称《框架》）。《框架》的中文版也已于 2014 年 5 月正式发布。受国际综合报告理事会委托，中国注册会计师协会主持并协调其他有关境外会计职业组织对《框架》的中文翻译稿进行了审校。欲阅读全文，请浏览 http：//www.theiirc.org/wp-content/uploads/2014/04/13-12-08-THE-INTERNATIONAL-IR-FRAMEWORK-CS.pdf。

续表

比较项目	现行的企业报告	综合报告
适应性	受规则限制	根据不同环境和条件而调整
简练度	冗长且复杂	简练且重要
技术可行性	纸质	高科技辅助式

资料来源：IIRC 发布的讨论稿《迈向综合报告——在 21 世纪交流价值》（2011），经本书作者翻译整理。

2013 年 12 月，国际综合报告委员会发布了《综合报告框架》（后文中简称为《框架》）。《框架》对综合报告的基本概念、指导原则和内容元素进行了解释。其中，列出了奠定综合报告编制基础的 7 个指导原则，并以此确定了综合报告的内容及信息列报方式。7 个指导原则如表 2-2 所示。

表 2-2　　　　　　　　　　　编制综合报告的指导原则

序号	指导原则	说明
1	注重战略 & 面向未来	应深入说明机构的战略以及这一战略如何与机构在短期、中期和长期的价值创造能力相关，如何与资本使用情况及对资本的影响相关
2	信息连通性	应显示对机构持续价值创造能力产生重大影响的各个要素之间的组合、相互关联性和依赖关系的全貌
3	利益相关者关系	应深入说明机构与关键利益相关者之间关系的性质和质量，并说明机构在多大程度上理解、考虑并回应利益相关者的合法需求和利益
4	重要性	应披露对机构短期、中期和长期的价值创造能力具有实质影响的事件信息
5	简练	为理解机构战略、治理、绩效和前景提供充分的背景信息，并避免冗余信息
6	可靠性 & 完整性	应包括所有正面和负面的重大事项，并以一种平衡方式列报，且应无重大错误
7	一致性 & 可比性	列报的信息，其编制基础应前后一致；同时，应当是有关一个机构自身价值创造过程的重要信息，使之能够与其他机构进行比较

资料来源：IIRC 发布的《综合报告框架》（中文版，2014）。

随后，该《框架》还列出综合报告包含的 8 个内容元素，这些内容元素从根本上是相互关联的（见表 2 - 3）。

表 2 - 3　　　　　　　　　　综合报告应包含的内容元素

序号	内容元素	说明
1	机构概述 & 外部环境	从事什么业务，在什么样的环境下运营？
2	治理	治理结构如何支持在短期、中期和长期内创造价值？
3	商业模式	商业模式是什么？
4	风险和机遇	影响短期、中期和长期创造价值能力的具体风险和机遇是什么？如何应对这些风险和机遇？
5	战略 & 资源配置	机构目标是什么？如何实现这一目标？
6	绩效	在报告期间，战略目标的实现程度如何？在对资本的影响方面取得了哪些成果？
7	前景展望	在执行其战略时可能遇到哪些挑战和不确定性？对商业模式和未来绩效有何潜在影响？
8	列报基础	如何确定哪些事项应包含在综合报告中？如何量化或评估这些事项？

资料来源：IIRC 发布的《综合报告框架》（中文版，2014）。

综合报告的核心在于价值创造过程，主要目标是向财务资本提供者解释企业是如何持续创造价值的，并考虑到价值创造过程对外部环境、利益相关各方的影响以及对各种资源的依赖。换句话说，价值创造过程要反映出因企业经营所引起的各类资本增加、减少和转换。[①]

由此，综合报告有别于其他报告和沟通文件，主要体现在以下三个方面：

● 综合报告从利益相关者的利益考量，有助于共享价值的创造，因此，它既是一种信息披露工具，也是一种管理工具；

● 综合报告应当包含管理层对未来的预测：说明如何设定战略目标，

---

① 2013 年 12 月，国际综合报告理事会（IIRC）发布国际《综合报告框架》（简称《框架》）。《框架》的中文版也已于 2014 年 5 月正式发布。受国际综合报告理事会委托，中国注册会计师协会主持并协调其他有关境外会计职业组织对《框架》的中文翻译稿进行了审校。欲阅读全文，请浏览 http：//www. theiirc. org/wp-content/uploads/2014/04/13 - 12 - 08 - THE - INTERNATIONAL - IR - FRAMEWORK - CS. pdf。

以及为达到预设的目标而采取的策略；

• 综合报告提供可靠的信息：在商业模式层面，辨别出整个企业的价值创造核心驱动力，提供评估短期、中期和长期价值的重要信息。

二、综合报告是如何起源的

（一）变化中的价值创造

1975 年，有形资产和财务资产对企业市场价值的解释力高达 83%。但到了 2011 年，此景已不复存在，这两种资产的解释力只剩下了 19%。[①] 如今，市场估值，最主要是基于对智力、社会、关系以及人力这一类无形资产的考量。同时，对环境议题和社会责任的管理，更是成为企业价值的核心。[②] 在知识驱动经济中，焦点永远停留在企业历史业绩的财务报表，不再能够胜任准确描述企业总价值的任务。[③] 在此背景下，各方都在期待更具广阔视野的信息披露体系。

（二）环境、社会和治理信息披露的发展

综合报告的出现，可回溯至 20 世纪 60 年代，当时企业信息披露领域正经历着变革。各方达成的共识有两点：一是社会议题对企业活动和业绩产生了影响；二是利益相关者需要更广范围内的信息。因此，这场针对企业报告的变革，从对环境元素的有限披露，发展为对环境和社会议题的广泛涉及，最终将企业社会责任的三大要素（环境、社会以及治理）融入了企业需要披露的信息中（见表 2-4）。随着各种自愿披露框架的出现，此类信息的披露也日渐规范起来。然而，尽管如此，批评之声却从未停息："冗长的可持续发展报告（或企业社会责任报告），虽然在数量上快速增加，但却未能聚

[①] 根据国际综合报告委员于 2011 年发布的讨论稿《迈向综合报告——在 21 世纪交流价值》（Towards Integrated Reporting – Communicating Value in the 21st Century）整理。欲阅读全文，请浏览 http：//www. oceantomo. com/2013/12/09/Intangible – Asset – Market – Value – Study – Release/。

[②] 根据德勤于 2014 年 9 月发布的《跨越可持续发展信息披露》（Navigating the Evolving Sustainability Disclosure Landscape, 2014）整理。欲阅读全文，可浏览 http：//www. deloitte. Com/content/dam/Deloitte/us/Documents/risk/us-aers-sustainability-reporting-landscape. pdf。

[③] 同上。

焦于利益相关方真正感到重要的问题，或者说，未能聚焦于与企业最直接相关的那些问题。"① 由此，对社会、环境和治理议题的信息披露，开始转向披露企业活动在这些领域所形成的影响。综合报告正是一种直面批评之声的尝试，目的是满足对简练而重要信息的需求，通过描述不同类型的资本，最终说明企业长期价值创造活动的多重实质。

表 2 - 4　　　　环境、社会和治理（ESG）信息披露的主要发展阶段

第一阶段（1960～1990 年）：社会和环境信息披露的出现

- 商业广告以及年报中以环境为导向的某一部分
- 与企业业绩没有联系
- 只是个别为数不多企业所做的努力
- 质量和环境管理体系的起源
- 法国碧兰社会法（French Bilan Social Law）（1979）
- 美国《有毒物质排放清单》（1987）扩展为《污染防治法案》（1990）

第二阶段（1990～2000 年）：可持续发展信息披露的发起

- Ben & Jerry's 公司发布第一份利益相关者报告（后被社会审计师广泛推荐）
- 全球报告倡议组织（GRI）、社会影响报告、AccountAbility 的 AA1000 框架（通过管理利益相关者关系而习得）
- 环境报告依然占主导地位

第三阶段（2000 年至目前）：可持续发展信息披露渐成主流

- 报告的第三方认证
- 非财务信息披露快速增长（至 2002 年，于全球财富 250 强中占比达 45%）
- 可持续性发展报告
- 全球报告倡议组织（GRI）发布《可持续性发展报告指南》G2（2002）和 G3（2006）

第四阶段（目前～未来）：重要议题的信息披露

- 综合报告
- 可持续发展会计标准委员会（SASB）
- 全球报告倡议组织发布《可持续性发展报告指南》G4

资料来源：IMA 与 ACCA 联合发布的研究报告《从股票价值到共享价值：探寻会计职业在综合报告发展实践中的作用》（2016）②，经本书作者翻译整理。

---

① 根据德勤于 2014 年 9 月发布的《跨越可持续发展信息披露》（Navigating the Evolving Sustainability Disclosure Landscape，2014）整理。欲阅读全文，可浏览 http：//www2. deloitte. Com/content/dam/Deloitte/us/Documents/risk/us-aers-sustainability-reporting-landscape. pdf。

② 根据美国注册管理会计师协会（IMA）与特许公认会计师公会（ACCA）联合发布的研究报告《从股票价值到共享价值：探寻会计职业在综合报告发展实践中的作用》（From Share Value to Shared Value：Exploring the Role of Accountants in Developing Integrated Reporting in Practice，2016）整理。欲阅读全文，请浏览 http：// www. accaglobal. com/content/dam/ACCA_Global/Technical/integrate/acca-ima-report-from-share-value-to-shared-value. pdf。

（三）国际综合报告委员会的诞生与发展

早在1992年6月，伯明翰大学教授 Robert K. Elliott 指出："第三次浪潮中的经济实体，要肩负起除财务之外的外部责任，信息使用者更想获得的是非财务信息。"①

2005年，Tellus Institute 的副总裁兼资深合伙人——Allen L. White 指出，针对新一代的非财务信息，将形成一种在十年前根本无法想象的透明度标准。他还认为，"综合报告是一项快速发展中的动态工程，将会定期涌现出新的规则和计量方法。"他相信，非财务信息披露给利益相关者提供了"仅依靠财务报告不可能获得的、能够充分了解企业特征与能力的窗口"。②

2007年，威尔士王子的可持续发展项目（A4S）发布了"连续报告框架"（Connected Reporting Framework，2007）。③ 作为综合报告的先驱，这个框架旨在帮助企业连贯地披露自身的活动，从而反映出企业战略和管理。包括英国杰华集团（AVIVA）、英国电信（BT Group）、英国电网（EDF Energy）、汇丰银行（HSBC Bank）、英国汉森（Hammerson）以及英国北方食品（Northern Foods）等大公司均由此开始采纳此框架。

2010年，由威尔士王子的可持续发展项目（A4S）、全球报告倡议组织（GRI）和国际会计师联合会（IFAC）共同牵头，成立了国际综合报告委员会。其使命包括：使综合报告与整合性思维得到广泛的认可和接受，传播和促进综合报告的标准化，使综合报告在公有及私有领域成为未来的企业信息披露标准。

至此，综合报告正式参与到企业信息披露演变的历史中来（见表2-5）。

---

① 根据 Robert K. Elliot 教授在1992年6月于《美国会计学会会刊》上发表的《第三次浪潮冲击会计之岸》（The Third Wave Breaks on the Shore of Accounting）整理，第61-85页。

② 根据 Allen L. White 于2005年6月在 BusinessWire 网站上发表的《新瓶装新酒：非财务报告的崛起》（New Wine, New Bottles: The Rise of Non - Financial Reporting, 2005）整理。欲阅读全文，可浏览 http://www.businesswire.com/portal/binary/com.epicentric.contentmanagement.servlet.Content Delivery Servlet/services/ir_and_pr/ir_resource_center/editorials/2005/BSR.pdf。

③ 可持续发展项目（A4S）于2007年发布《连续报告框架》（Connected Reporting Framework, 2007）。欲了解相关细节，请浏览 http://www.accountingforsustainability.org/wp-content/uploads/2011/10/Connected - Reporting.pdf。

表 2 - 5　　　　　　　　　　综 合 报 告 发 展 时 间 表

1975 年	会计准则筹划委员会（Accounting Standards Steering Committee）在伦敦发布《企业报告》（The Corporate Report）
1976 年	Ralph Estes 博士在纽约 Willey 出版社出版专著《公司社会会计》（Corporate Social Accounting）
1988 年	苏格兰特许会计师协会（ICAS）在苏格兰发布《让企业报告更有价值》（Making Corporate Reports Valuable）
1989 年	美国宝丽来公司、Ben & Jerry's 等公司发布第一批可持续发展报告
1990 年	Rob Gray 在英格兰以特许公认会计师公会（ACCA）的名义发表《正在变绿的会计行业》（The Greening of Accountancy）
1992 年	Robert K. Elliot 教授在《美国会计学会会刊》发表《第三次浪潮冲击会计之岸》（The Third Wave Breaks on the Shore of Accounting）
1997 年	全球报告倡议组织（GRI）成立
2001 年	价值信息披露倡议（普华永道） 更好的信息披露倡议（毕马威）
2002 年	第一批综合报告出现：由丹麦 Novozymes（2002）、巴西 Natura（2003）以及丹麦诺和诺德（Novo Nordisk，2004）等公司发布
2005 年	泰勒斯研究院（Tellus Institute）的 Allen White 在《新瓶装新酒：非财务报告的崛起》（New Wine，New Bottles：The Rise of Non - Financial Reporting）中呼吁采纳综合报告
2007 年	可持续发展项目（A4S）发布了第一个指导方针"连续报告框架"
2010 年	• 第一部关于综合报告的专著出版：Robert G. Eccles 和 Michael P. Krzus 合著的《综合报告：企业可持续发展战略综合报告体系》（One Report：Integrated Reporting for a Sustainable Strategy），由 Wiley 出版社出版 • 国际综合报告委员会成立（IIRC） • 综合报告框架学术工作在哈佛商学院正式开始，命名为"综合报告工作室：框架和行动计划"
2011 年	• 南非要求上市公司发布综合报告 • 国际综合报告委员会（IIRC）发布白皮书，并启动试点计划 • 可持续发展会计标准委员会（SASB）成立，Robert G. Eccles 任董事委员
2012 年	共有 80 家公司参与到国际综合报告的试点计划中
2013 年	《综合报告框架》发布
2014 年	企业报告对话活动启动
2015 年	Robert G. Eccles 与 Michael P. Krzus 合著的《综合报告运动：意义、动机和重要性》（The Integrated Reporting Movement：Meaning，Momentum，Motives，and Materiality），由 Wiley 出版社出版

　　资料来源：IMA 与 ACCA 联合发布的研究报告《从股票价值到共享价值：探寻会计职业在综合报告发展实践中的作用》（2016），经本书作者翻译整理。

三、综合报告发展得如何

综合报告希望能够成为"在众多企业信息披露框架、标准和要求中，一个最为连贯、一致和更具可比性的集大成者"。无论是在全球层面，还是在国家层面，因为它能够带来诸多附加好处，而正在汇聚起多方力量，蓬勃发展。

（一）全球层面的发展

2012 年 6 月，联合国可持续发展会议发表声明（通常被称为第 47 节）："因深知企业可持续发展信息披露的重要性，我们鼓励企业，特别是上市公司和大型企业，在适合的时机考虑将可持续发展信息整合进自身的信息披露中。同时，我们鼓励行业、感兴趣的各国政府和受联合国支持的利益相关各方，充分借鉴从现行框架实践中取得的经验，在适合的时候将融合可持续性发展信息的可行性举措开发成最佳实践案例，并对发展中国家的需求投以特别的关注（包括能力的构建）。"① 随后，在巴西、丹麦、法国和南非政府的引导倡议下组成了"第 47 节朋友群"。这个朋友群的纲领宣称："我们共享一个信念，企业所保证的透明度以及肩负的责任，是保障市场经济运营良好的关键要素。"②

2014 年 6 月，由国际综合报告委员会发起的"企业信息披露对话"行动正式启动，聚集起那些在财务、可持续发展以及企业信息披露领域拥有重大国际影响的机构，旨在促进各种企业报告框架与标准之间"结盟"，从而减轻企业的信息披露负担。最近，"对话"发布了一个企业信息披露路线图（corporate reporting landscape），比较和说明了不同的报告标准。该路线图由三个层级构成：第一层描述了各报告标准的目标（见表 2-6）；第二层级详细说明了每种标准与 6 类资本的关联（见表 2-7）；

---

① 引自联合国第 66/288 号决议"我们期待的未来"（2012），第 9 页。欲阅读全文，可浏览 http：//www.un.org/ga/search/view_doc.asp? symbol = A/RES/66/288&Lang = E。
② 引自联合国环境规划署（UNEP）发表的"第 47 节朋友圈"。欲了解更多详情，可浏览 http：//www.unep.org/resourceefficiency/Business/SustainableandResponsibleBusiness/CorporateSustainabilityReporting/GroupofFriendsofParagraph47/tabid/105011/Default.aspx。

第三层级解释了每种标准如何与国际综合报告委员会提出的《框架》内容元素间的联系（见表2－8）。①

表2－6　　　　　　"企业信息披露对话"：准则（框架）的目标

准则（框架）	目标
国际综合报告框架	帮助机构向财务资本提供者说明机构如何在一定的时间跨度内创造价值
碳信息披露项目（CDP）信息要求	运用信息披露的力量，在向市场提供高质量信息的同时，促使机构计量、管理和减少自身对环境的影响，培养环境快速恢复的能力
气候公告标准理事会（CDSB）框架的环境和自然资本信息披露	帮助机构在主流报告中编制和列报环境信息，为投资者提供一致的、可比的和清晰的决策信息
美国财务会计准则委员会	建立和完善财务报告准则，促进非政府组织为投资者和其他财务报告使用者提供决策有用的信息
全球报告倡议组织（GRI）的第四版《可持续发展报告指南》及行业指南	无论机构大小、所处的行业或地区，所有机构都要披露重要的可持续发展信息
国际财务报告准则	为投资者提供高质量的、透明的和可比的信息，为全球资本市场提供一种财务信息披露的共同语言，通过透明的财务信息披露促进资本市场的稳定，推动一致适用的准则
国际标准化组织 ISO 26000——企业社会责任	指导企业和机构如何以对社会负责的方式运营
可持续发展会计准则	帮助上市公司，在向美国证券交易委员会强制提交的10－K和20－F文件中，披露重要的可持续发展信息

资料来源：由 IIRC 发起"企业信息披露对话"所发布的"企业信息披露路线图"，经本书作者翻译整理。

---

① 欲了解更多关于"企业信息披露对话"倡议的信息，可浏览 http：//corporatereportingdia-logue. com and http：//www. cdsb. net/strategic-alliances/corporate-reporting-dialogue。

表 2-7　　　　　"企业信息披露对话"：准则（框架）的范围

准则（框架）	范围					
	财务资本	制造资本	智力资本	人力资本	社会 & 关系资本	自然资本
碳信息披露项目信息要求						●
气候公告标准理事会框架的环境和自然资本信息披露						●
美国财务会计准则委员会	●	◙	◙	◙		◙
全球报告倡议组织的第四版《可持续发展报告指南》及行业指南				●	●	●
国际财务报告准则	●	◙	◙	◙		◙
国际标准化组织 ISO 26000—企业社会责任			◙	●	●	●
可持续发展会计准则				●	●	●
说明	◙部分覆盖 ●完全覆盖					

资料来源：由 IIRC 发起"企业信息披露对话"所发布的"企业信息披露路线图"，经本书作者翻译整理。

表 2-8　　　　　"企业信息披露对话"：准则（框架）的内容

准则（框架）	内容						
	机构概述和外部环境	治理	商业模式	风险和机遇	战略和资源配置	绩效	前景展望
碳信息披露项目信息要求	◙	◙	◙	◙	◙	◙	◙
气候公告标准理事会框架的环境和自然资本信息披露	◙	◙	◙	◙	◙	◙	◙
美国财务会计准则委员会	◙		◙	◙	◙	◙	

准则（框架）	内容						
全球报告倡议组织的第四版《可持续发展报告指南》及行业指南	◙	◙	◙	◙		◙	◙
国际财务报告准则	◙		◙	◙	◙	◙	
国际标准化组织 ISO 26000—企业社会责任	◙	◙				◙	◙
可持续发展会计准则	◙	◙	◙	◙		◙	◙
说明	◙部分覆盖 ●完全覆盖						

资料来源：由 IIRC 发起的"企业信息披露对话"发布的"企业信息披露路线图"，经作者整理与翻译。

正如"企业信息披露对话"主席 Huguette Labelle 所言，企业信息披露的模式一直在变化中。但太长时间以来，从价值的战略驱动力来看，企业所披露的信息依然是碎片式的，是断续的。"企业信息披露对话"是所有代表了能够影响到未来企业信息披露体系的机构，走到一起，形成一个简练的、有意义的和持续的路线图，从而重建商业社会和投资者的信心。这有助于形成简洁而高效的协作，站在信息使用者角度平衡披露的信息，有助于在企业和其主要利益相关者之间重新建立起联系。

此外，全球股票交易所均参与了旨在推动上市公司环境、社会和治理方信息透明度的可持续性发展计划，综合报告在其中的积极推动作用，功不可没。毕马威将综合报告定位为未来企业信息披露领域的主导趋势："金融市场的重新定位，需要综合报告。对于投资者来说，在考虑如何负责任地分配资本时，这是一个基础工具，也是可持续发展股票交易所的核心。"① 英国特许会计师协会（ACCA）也强调指出，综合报告具有改善信息披露的作用，因为综合报告"向投资者和其他利益相关方提供了关于企业更完整和更连贯的信息。相较于传统的财务报告，它描画出了企业在一个相对长的时

① 根据毕马威于 2013 年发布的《企业责任信息披露调查》（The KPMG Survey of Corporate Responsibility Reporting, 2013）整理。欲阅读全文，可浏览 http：//www. kpmg. com/Global/en/IssuesAndInsights/ArticlesPublications/corporate-responsibility/Documents/corporate-responsibility-reporting-survey – 2013 – exec-summary. pdf。

间框架内的发展前景"。①

（二）国家（地区）层面的发展

1. 南非经验

在南非，所有在约翰内斯堡证券交易所（JSE）挂牌上市的公司，要么需要遵循第三版《南非公司治理金报告》发布综合报告，要么需要对不遵循的原因给予解释。企业发布的综合报告，在披露财务信息的同时，必须披露与治理、战略和可持续发展议题相关的信息。

目前，南非上市公司发布的综合报告，已成为全球范围所发布的综合报告最重要的组成部分。② 南非政府监管部门也已做出向综合报告迈进的郑重承诺。2010～2012 年间，南非企业发布的年报更为整合和简练。③ 越来越多的南非公司开始采纳综合报告，既有约翰内斯堡证券交易所 100 强中的大部分公司，也有一些大型的国有企业，甚至还有一些非上市公司。④ 有关南非企业践行综合报告的状况，本书的第六章"综合报告，先行者的故事（上）——以南非为例"将有更为详尽的介绍。

2. 欧洲

欧盟（EU）高度关注欧洲企业的社会和环境影响，已强制要求雇员超过 500 人的企业披露可持续发展信息。根据此法规，近 6000 家公司需要在其管理报告中披露与政策、风险和后果相关的信息，涉及的领域主要有环

---

① 根据英国特许会计师协会（ACCA）发布的《可持续性至关重要：ACCA 政策底稿》（Sustainability Matters：ACCA Policy Paper，2014）整理。欲阅读全文，可浏览 http：//www. accaglobal. com/content/dam/acca/global/PDF – technical/sustainability-reporting/tech-tp-smapp. pdf。

② 根据毕马威发布的《2013 年毕马威对企业责任信息披露的调查》（The KPMG Survey of Corporate Responsibility Reporting，2013）整理。欲阅读全文，可浏览 http：//www. kpmg. com/Global/en/IssuesAndInsights/ArticlesPublications/corporate-responsibility/Documents/corporate-responsibility-reporting-survey – 2013 – exec-summary. pdf。

③ 根据全球报告倡议组织（GRI）2013 年发布的"研究和发展系列"之《综合报告的可持续发展内容——对先行者的调查》（The Sustainability Content of Integrated Reports – A Survey of Pioneers，2013）整理。欲阅读全文，可浏览 http：//www. globalreporting. org/resourcelibrary/GRI – IR. pdf。

④ 根据南非的综合报告委员会（IRC）于 2014 年 12 月发布的《编制一份综合报告：初学者指南》（Preparing an Integrated Report：A Starter's Guide，2014）整理。欲阅读全文，可浏览 http：//www. integratedreportingsa. org/Portals/0/Documents/IRCSA_StartersGuide. pdf。

境、社会、雇员、人权、反贪污和贿赂以及董事会的多样性问题。[①]

不同的欧洲国家也采用了不同的可持续发展报告要求。例如，在英国，要求在伦敦股票交易所挂牌交易的公司披露温室气体排放信息；此外，在英国 2006 年《公司法》中规定，所有的中型和大型企业在说明企业的活动和业绩时，需要在其年度评论中披露必要的雇员、环境和社区信息；相比 2001 年的《新经济管制法》，法国在其 2010 年的《国家环境法》（Grenelle II）中增加了碳排放信息披露条款，要求雇员超过 500 人的公司每三年披露一次温室气体排放信息。

3. 美国

美国证券交易委员会（SEC）在其现行信息披露要求基础上，针对与气候变化相关的商业或法律开发项目，增加了解释说明，要求上市公司在申报文件中，将环境和社会议题与财务信息整合起来。

在公共领域，奥巴马总统第 13514 号行政命令要求，所有的联邦机构均需计量和披露自身的可持续发展业绩。此要求包括供应链评估，目的是在所有向联邦机构提供产品或服务的企业中形成多米诺效应。[②]

成立于 2011 年的可持续发展会计标准委员会（SASB），致力于为美国特定行业的上市公司制定可持续发展信息披露标准。此类披露的信息包含在要求强制申报的 10 - K 或 20 - F 文件中。可持续发展会计标准委员会制定的可持续发展会计标准，关注于每个行业的重要环境和社会议题，期望能够"向投资者提供完整、重要的财务和可持续发展信息"。[③] 这些标准由定性信息和行业所特有的量化指标构成。虽然 Novo Nordisk 是一家丹麦制药行业公司，但因其在综合报告领域所取得的先行经验，正式受邀参与了可持续发展会计标准委员会制药行业标准的制定，以期填补美国在此行业信息披露领域

---

① 欲了解更多欧盟相关要求的详尽信息，可浏览 http：//europa. eu/rapid/press-release_MEMO - 14 - 301_fr. htm。

② 根据白宫 2015 年发布的《行政命令——下一个 10 年的联邦可持续发展规划》（Executive Order—Planning for Federal Sustainability in the Next Decade, 2015）整理。欲阅读全文，可浏览 http：// www. whitehouse. gov/the-press-office/2015/03/19/executive-order-planning-federal-sustainability-next-decade。

③ 根据可持续发展会计标准委员会（SASB）发布的《对 SASB 的需求》（The Need for SASB）整理。欲阅读全文，可浏览 http：//www. sasb. org/sasb/need。

的空白。①

总之，正如加拿大特许专业会计师协会在其研究报告《企业信息披露的演变历程》中所指出的，综合报告并不是一种新形式的可持续发展报告或企业社会责任报告，更不是它们的替代。它是以一种更加整合的方式，与投资者和其他利益相关方，就企业在一定期限内如何运营、如何为自身和其他利益相关方创造价值而进行的信息交流。②

 你，知道吗？

www.integratedreporting.org 是什么

www.integratedreporting.org，是国际综合报告委员会的官方网站，由新闻（News）、网络（Networks）、培训与资源（Training and Resources）以及企业信息披露对话（Corporate Reporting Dialogue）等板块组成，是一个可以就综合报告进行对话、参与、共享和学习的平台。

---

① 引自 Susanne Stormer 于 2013 年出版的《标准的选择：信息披露指引如何助你领先》（Compliant by Choice：How Disclosure Guidelines Can Get You Ahead of the Curve, 2013）。欲阅读全文，可浏览 http：//www. pharmacompliancemonitor. com/compliant-by-choice-how-disclosure-guidelines-can-get-you-ahead-of-the-curve/5546。

② 根据加拿大特许专业会计师协会 2015 年发布的研究报告《企业信息披露的演变历程》（An Evolving Corporate Reporting Landscape, 2015）整理。欲阅读全文，可浏览 http：//www. cpacanada. ca/en/business-and-accounting-resources/financial-and-non-financial-reporting/sustainability-environmental-and-social-reporting/publications/evolving-corporate-reporting-voluntary-reporting-briefing。

第三章

综合报告，价值何在

综合报告好比一次征程，绝非一次报告循环就能到达。只有当企业将综合报告作为工具，开始尝试更好地理解企业如何依赖各类资本获得成功，以及弄清楚各类资本之间的联系，才可能做出更为明智的决策，才可能真正感受到整合性思维和综合报告所带来的益处。

——Paul Druckman，国际综合报告委员会前 CEO

自 2011 年 10 月始，全球有超过 40 家来自不同领域和行业的大公司加入了国际综合报告委员会为期两年的"综合报告试点计划"，参与到《综合报告框架》的开发过程中来。"试点计划"开展了一年之后，Black Sun Plc.，这家总部位于伦敦、致力于利益相关方沟通领域的咨询公司，通过追踪试点企业在这一年中因综合报告而发生的变化，发布了一份研究报告，名为《了解变革：为综合报告构建商业案例》。[①] 该报告表明，仅在这一年间，很多企业打破了部门间的自行其是，开始培育整合性思维；内部流程得到改善，对企业自身形成了较为深入的了解；管理高层的关注点和意识得到了良性转变；企业战略和商业模式开始清晰，并将为利益相关者创造价值提上了日程。

两年后，在"试点计划"结束之际（《综合报告框架》也在此时正式发

---

① Black Sun Plc. 和国际综合报告委员会（IIRC）于 2012 年发布的研究报告《了解变革：为综合报告构建商业案例》（Understanding Transformation：Building the Business Case for Integrated Reporting, 2012）。欲阅读全文，请浏览 http：//integratedreporting. org/resource/building-the-business-case-for-integrated-reporting/。

布），Black Sun 又进行了第二次跟踪调查（共有 66 家机构参与了此次调查），并发布了两份研究报告，分别是《实现综合报告带来的好处》① 和《综合报告旅程：来自企业内部的故事》。② 这两份报告通过总结和分析相关调查数据以及成功案例，系统总结了踏上综合报告征程的企业所取得的良性转变。

一、综合报告有助于对价值创造的理解

在 Black Sun 的调查中，95% 的发布了综合报告的试点企业认为，综合报告所带来的、最为现实的好处是，企业开始深刻地了解自身是如何创造（或毁灭）价值的。由于对价值创造的交流是综合报告的重要目的之一，试点企业对此形成深刻感受倒也不应感到奇怪。

各界早已达成共识的是，企业的财务绩效应与其在可持续发展方面的表现相互关联。一家上市公司指出，在综合报告编制过程中，了解到了非财务业绩指标如何深刻地影响到了自身的财务业绩。经过了近 5 年的综合报告实践，该公司仍在逐步加深对财务与非财务业绩间关联的理解。另一家参与调研的工程公司认为，编制综合报告使他们开始用一种全新的视角审视自身经营与价值创造过程，引发了管理层面的改变：过去，内部管理报告的关注点只是利润表；如今，他们不再相信所有的价值都能够货币化。

一家提供财务服务的公司发现，综合信息披露改变了企业的思维方式，转变了企业内部管理的关注点，6 类资本理念已成为拓宽企业业绩观的有力工具。综合报告帮助企业更好地理解价值创造，最直接地影响就是改变了企业对自身战略和共享价值的看法。具体体现如下。

---

① Black Sun Plc. 和国际综合报告委员会（IIRC）于 2014 年发布的研究报告《实现综合报告带来的好处》（Realizing the benefits：The impact of Integrated Reporting，2014）。欲阅读全文，请浏览 http：//integratedreporting. org/resource/building-the-business-case-for-integrated-reporting/。

② Black Sun Plc. 和国际综合报告委员会（IIRC）于 2015 年发布的研究报告《综合报告旅程：来自企业内部的故事》（The Integrated Reporting journey：the inside story，2015）。欲阅读全文，请浏览 http：//integratedreporting. org/wp-content/uploads/2015/07/The-Integrated-Reporting-journey-the-inside-story. pdf。

（一）企业战略

摆脱了狭隘的价值创造观之后，企业内部形成的新观点和新看法（如，商业模式、投入、产出和成果），直接刺激到了自身的演化和转变，体现在战略、资源配置和管理体系等方面发生的显著变化。在已发布了综合报告的试点企业中，67%对企业战略与资源配置做出了重大调整，64%对商业模式的看法发生了根本性的转变。

（二）共享价值

几乎所有发布了综合报告的企业（97%）都认为，最大的挑战是要了解和辨别哪些是为企业创造的价值，哪些是为其他利益方创造的价值。对于上市公司来说更是如此。这两种价值也都与顾客和员工密切相关。很多企业指出，需要付出更多努力去了解和计量顾客满意度和培训投入所形成的影响。一家提供财务服务的公司认为，综合报告有助于提升顾客忠实度以及人力资本与长期财务业绩之间的正相关关系。

二、综合报告有助于改进关键业绩指标体系

在深入了解了自身如何创造价值之后，企业开始改变对内对外的信息披露内容，而如何计量成为其中一个焦点。正如来自欧洲 Interserve 公司的 Tim Haywood 所言，"目前最大的挑战是，如何计量过去不曾计量的非财务资本？比如，对于既没有期初也没有期末余额的智力资本，该如何计量？尤其是，智力资本的流量？"

68%参与试点的企业，都将提高数据质量作为迈向综合报告的初始动力，而其中的87%又认为，通过发布综合报告，的确改善了数据质量。

那么，信息质量的改善主要体现在哪些方面呢？

（一）业绩指标的增加

国际《综合报告框架》（简称《框架》）并未明确指出该如何计量投入与产出，只是强调需要披露与商业模式相关的重要内容。但《框架》指出，

在考量对外披露的信息时，要描述出商业模式，需要依靠量化的业绩信息。

量化的业绩指标，特别适用于预设目标业绩以及为达到目标业绩所需的业绩管理。研究发现，认为在综合报告中受益最多的企业，是那些提高了无形资产和其他非财务资本数据质量与相关性的企业。在迈向综合报告的起步阶段，企业会重点拓展管理系统，将重要的无形资产和非财务业绩指标涵盖进来，通常还会与员工的薪酬联系起来。

（二）重要性和相关性的改善

几乎所有参与试点计划的机构都承认，必须对计量内容做出重大改变，即使目前还没变，将来也一定要变。这是因为，一方面，机构在编制综合报告时发现，过去披露的很多计量内容实际上与价值创造并没有直接联系；另一方面，要以整合的观点来披露价值创造信息，还要计量和披露过去不曾涉及的内容才可能做到。

例如，一家建筑工程公司认识到，对于人力资本来说，并没有任何现成的业绩指标可用，而另一些正在使用中的业绩指标，与价值创造没有关联。南美的一家非上市公司，追踪和披露了比以往更多的创新信息。这些技术创新并不是突然间出现的，是为了降低成本而逐步研发出来的。但这些信息从未与利益相关方讨论过，更是从未公开披露过。

参与试点的企业也都承认，即便是经过整合的内部管理系统，也并不总能与综合报告完美统一。但无论是对内还是对外，综合报告仍被看作是一个契机，一个能使自身战略与商业模式更为清晰的大好机会，即使仍有超过一半的试点企业发现要做到这一点难度不小。这是因为：一方面，利益相关方（包括投资者）有时会要求企业披露毫无意义的内部信息；另一方面，高管和董事会又需要高质量的内部信息用来决策。

一家提供财务服务的公司指出，虽然他们努力使披露的信息更为相关，更具战略意义，但还是会遇到阻力，因为信息使用者会要求一些实际上并不重要的信息。因此，迈向综合报告的过程，还是一个需要培育的过程，这个过程要教会投资者和其他利益相关方如何辨别企业应当计量和管理的关键指标。

（三）非财务信息质量的提升

对于发布过不止一份综合报告的企业来说，最具挑战性的是如何计量与管理财务资本的非财务信息。几家企业都指出，先需要解决的是创建一组整合性指标，然后透彻了解指标间的相互联系。所披露的信息之间，关联性越高，对投资者以及员工越有意义。

研究显示，一些纠结于是否披露非财务信息的机构，最担心的是生成非财务信息的系统和流程不够成熟；另一些机构则认为，提升数据分析的质量、满足外部利益各方的信息需求，是一条艰辛的道路，但必须硬着头皮走下去。

（四）数据投资的增加

综合报告有不同模式，因此，运用的流程会有所不同，用于编制综合报告的预算也不尽相同。但编制综合报告的过程，都需要多部门参与其中，动用到更多的内部资源，因此，成本增加在所难免。一些机构也坦承，综合信息披露成本比过去的传统模式增加了50%还多。然而，这些额外增加的成本无一例外被试点企业视为物有所值的投资。这项投资至少带来了管理、董事会报告、规划制定流程的改善，还可能达成更具效率的企业战略。

增加的投资往往都与非财务资本有关，比如，非财务信息软件；雇用的非财务数据和计量方面的专业人士。有一家矿业公司，在开始编制综合报告之初，成立了一个由三人组成的非财务计量部门。不过，一家有过多次发布综合报告经历的机构指出，尽管在编制综合报告之初，投资会增加，但一旦新系统运行起来，随后年度里的相关成本会基本保持稳定。

一些机构，特别是服务机构认为，计量和管理自然资本并不算难，但自然资本实在与自身的价值创造过程并不相关。即便如此，一家会计事务所依然选择继续披露此类信息，希望能够成为其他企业效仿的样板。此外，要说明企业在价值创造方面的变化，还需要扩展鉴证流程，这也会引起成本的增加。然而，鉴证涵盖的范围越广，数据的可信度也越高。

（五）对影响（后果）的前瞻性计量

研究发现，编制综合报告之初，企业会更愿意关注如何"定义"自身活动的后果或影响，这是用新方式思考价值创造过程的一种体现。但在发布了多份综合报告之后，企业会转向"计量和理解"自身活动形成的影响或后果。大多数企业会将此种计量视为一个长期的过程，一个创新的过程，一个会带来多重好处的过程，当然，也是一个充满挑战的过程。

一家南非金融服务公司已开始把不同层面的业绩相互联系起来。例如，基于共享价值理念，该公司在金融教育领域做出了重大投资。希望借此能够了解，此种教育性投资是否有助于投资人提高投资组合的质量，从而降低损失提高顾客的保有率。

在试点企业中，最为重视对后果和影响进行计量的是会计师事务所，充分说明了会计职业在综合报告发展中的领跑者地位。在细致地分析了自身商业模式之后，一家会计师事务所将其行为影响分为九个方面。它的终极目标是对这九个影响方面进行计量，但仅就其中三个方面开始计量时，发现用收集到的原始数据来评估自身对社会的影响，过程十分具有挑战性。

三、综合报告有助于提升管理信息和决策的质量

当向综合报告迈进之时，74%的试行企业发现，将内部管理信息整合进来至关重要。当企业对自身价值创造过程有了不同以往的理解，计量和管理业绩的方式也会发生相应的变化，那时，大部分的决策自然也得到了改善。

(一) 加强了董事会和管理层间的协作

84%已发布了综合报告的企业相信迈向综合报告的过程已使董事会受益，最明显的是董事会和管理层之间的协作得到了改善。协作的改善，是董事会报告覆盖了更多层面业绩的结果，同时，这些业绩也是相互联系的。一家石油天然气采掘企业特别提到，当视角变得更为广阔和全面时，董事会就能获得更多的整合性信息，披露的信息内容也更为广泛，结构性也得到加强。即便是对非财务业绩烂熟于心的高管们，也不得不对这样的董事会报告赞赏有加。

(二) 改善了管理信息和管理系统

研究发现，除了董事会能够感受到综合报告带来的好处之外，管理体系还发生了其他的一系列变化，包括关键管理业绩指标得到整合、薪酬体系以及规划与预算流程得到改善。一家制药公司指出，管理体系的内部变化是渐

进的：在编制综合报告之初，变化可能会显著一些，随着时间的推移，变化虽不再明显但会持续下去。管理信息和系统的改善会相应地引起决策过程和质量的提升。研究发现，79%发布了综合报告的公司认为，自身在决策和有效辨别风险和机遇等方面均得到了进步。

一家提供财务服务的机构，以前每月提交的内部管理报告只有财务信息，现在，内部管理报告已与对外信息整合起来。这种将价值创造与对风险及机遇的评估联系起来的方式，使该机构对自身面临的风险有了不同以往的理解。

研究还发现，综合报告改善了决策，包括更有效的风险评估，改善了战略设定和评估事务的优先次序和轻重缓急以及提供的产品和服务。试行企业们将这些方面的改善皆归功于对价值创造和整合性思维的重视。

（三）整合性思维驱动内部变革

试点企业认为，高管和董事会可将综合报告视为企业在为随时可能发生的变化所做的准备。迈向综合报告的先行企业，要么承受了极大的外部压力，要么是为了应对外界太多变化而不得不做出的改变。改变往往是由高层管理人员和自身信息披露过程两方面共同驱动的。很多企业正是借编制综合报告的流程，来驱动企业内部的变革。最初，任何大的变动，都要取决于能否获得高管和董事会的支持。随着综合报告的推进，信息披露中的持续变化驱动着管理流程也发生着相应的变化。例如，一家欧洲上市公司发现，对社会影响的计量，使公司的销售策略发生了相应的改变；一家南美消费品生产企业，大幅度地减少了披露的指标数量，只采用与企业更相关的指标，用于内部持续的监督和管理。反观过去，虽然每年都会将所有属于管理系统的数据都收集起来，无论重要与否，但企业仍然对数据的相关性或真实可靠性没有半点把握。

为了应对企业管理方面发生的变化，人力资源部门参与所有与业绩指标评估相关的董事会和管理层会议，使这些指标能够在业绩评估和薪酬补偿计划中推行开来。这也是一项由整合性思维带来的重大内部改变。

管理系统中的改变虽是渐进的，但因建立在指标与管理信息之上，因此，企业能切实感受到综合报告带来的好处。尽管79%的试行企业承认，综合报告的现时好处是改善了决策质量，但高达97%的试行企业相信，在未来会收获到更多的好处。91%的企业预测，综合报告会使企业在风险和机遇评估中收获最大一份红利。无论企业是否上市，综合报告能够给企业带来的最大期待是：洞察未来。

四、综合报告有助于创新管理利益相关者关系的方式

试点企业迈向综合报告的有力动机之一是加强与外部利益相关各方的关系。已经发布了综合报告的企业，无一例外感受到了与外部相关方关系的变化，其中，56%看到了关系的改善，84%看到企业对全社会形成的更广泛的积极影响。研究发现，对价值创造的充分理解有助于企业采取不同于以往的方式来处理与利益相关方的关系。对价值创造的理解发生变化，是因为企业意识到了自身的价值创造只有通过与利益相关各方的协作才能完成。例如，一家工程公司发布综合报告后，开始重新思考自身与供应商的关系，并采用了完全崭新的合作方式。

在试点企业案例中可以发现，有时很难辨别出究竟是什么带来了良性的效果，是综合报告，还是其他维护利益相关者关系的努力？但能够达成共识的是，透明度的提升有益无害。两家拥有核资产的企业指出，发布综合报告的尝试就是想使企业变得尽可能透明和直接。两家企业都相信，综合报告会为企业与环保组织和非政府组织间的对话和互动中加分。另一家企业指出，由于受到政府相关制度法规的监管，综合报告使企业满足了相关透明度的要求，做到了"打开大门，让全社会来围观"。

（一）与投资者的关系得到了改善

综合报告的初衷是改善向财务资本提供者披露的信息质量。大部分试点企业都认为，与财务资本提供者的关系确实得到了积极改善，尽管改善效果并不如与其他方的那么明显。在已发布综合报告的企业中，87%相信，财务资本提供者更深入地了解了企业战略；79%认为，财务资本提供者对企业商业模式的长期活力增强了信心。

研究结果表明，在投资者关系上受益的企业，其商业模式也发生了相当大的改变。几家能源行业的企业指出，综合报告有助于说明企业在能源价值

链中所处的地位，在全球范围的能源市场正经历结构性变化的背景下，这一点显得尤为重要。当然，能够影响企业与投资者关系以及投资者投资决策的因素众多，综合报告只是其中之一，所以，大多数企业还不可能精确辨别出综合报告对资本成本的影响。但确实有一家非上市公司指出，发布综合报告使其成功地降低了资本的成本。

企业相信，综合报告为企业披露的财务信息提供了详尽的背景说明，使银行和债券市场对企业的长期战略增强了信心。借贷流程因此而加快，而利率也因此而降低。众多企业认为，大多数投资者仍旧没有走出财务信息的影响。两家财务服务公司指出，还有太多的投资者并未完全将财务信息与非财务业绩结合起来，对此感兴趣的，依然只有买方的分析师和专业人士。很多在综合报告中剔除了过多财务信息细节的企业发现，虽然综合报告包含了更多的战略性信息以及更多有助于深入了解企业背景的信息，但投资者仍然习惯性地依赖财务报表做出最重要的决策。

（二）重要性、简练性提高了效率

一些企业强调，摒弃了以遵从为主线的传统信息披露系统，综合报告更具可读性，也更侧重于处理与利益相关各方的关系。一家消费品生产公司认为，因为企业所披露的信息更关注战略性和重要议题，综合报告已变得十分简洁却不失高效。企业的利益相关者随后也会发现综合报告所披露的信息使用起来更为便利。

尽管披露的信息足够简洁，被认为是一种优势，特别是在处理与散户投资者和员工的关系时，然而，保持简洁也并不容易。一些已成功地将综合报告控制在40页以下的企业认为，这个过程是一种持续的纠结过程。一家欧洲财务服务公司正致力于整合其季报，希望使报告不仅整合度高一些，同时也更简洁一些，便于使用者阅读。很多企业感觉到，综合报告在回复利益相关者的质询时非常有用，几次质询后还能得到更大程度的改善。编制者需要一个过程，去学习和适应一种新型的信息披露模式，也是无可厚非。

为了处理好利益相关者的关系，一家南美企业甚至在探索如何使用多种语言披露信息。还有企业正考虑运用高科技（包括即时互动的手机应用），改善与利益相关方的关系，加深相互间的理解。也有企业开始将投资者陈述与季报整合在一起，使各种信息关联起来，且更多的企业正在准备这样做。研究发现，综合报告改变的不仅仅是企业如何披露信息，发生更大变化的是，人们思考和谈论企业的方式。

五、综合报告有助于将企业内部各部门联系起来

96%参与试点的企业认为，综合报告对于机构内部关系也产生了影响。这个结论与早期的相关研究结果一致：综合报告打破了企业内部各部门的自行其是，增加了部门之间的相互尊重和理解。在编制综合报告过程中，财务、可持续发展、投资者关系部门和董事会都积极参与了编制的各个阶段。最后参与报告流程的部门是风险管理和内部审计，但很多试点企业预测，这两个部门在未来的参与度会越来越高。

在此次调查中，一个显著的变化是，机构不仅经历着部门间更好的协作，而且所有的部门开始一起重新构建信息披露的路线。最常见的改变是，战略规划部门会扩张，涵盖了其他过去不曾涉及的内容。一家欧洲能源公司认为，综合报告除了使团队间加强了内部协作，内部管理结构也依据外部信息披露路线做出了调整。风险管理部门现在也改变了以往只向 CEO 汇报的机构安排，开始更多地参与到风险管理与企业战略间的联系中来。

多部门协作的加强，再辅以企业内部的专长，最终能够使决策更加明智，更具全局性。一家财务服务机构发现，综合报告已提升了机构不同部门间的相互尊重。员工也更加了解所在部门对价值创造的贡献。最为重要的（甚至可以说，未曾预料到的），对于很多刚刚开始综合报告之旅的机构来说，综合报告带来的好处是，内部对企业战略和价值创造的理解从未如此深刻。

通过整合性思维理解价值创造所带来的连锁反应，将远远不止这些发生在机构内部的变化。一家财务服务机构指出，作为信息披露方和综合报告的使用者，基于自身在综合报告领域的经验，已开始要求客户提供更多的非财务信息。一家从综合报告受益颇丰的非上市公司，开始要求其分公司披露综合信息。一些政府（如新西兰、法国、不丹）准备弃用 GDP，采用更全面的方式计量经济增长。新西兰财政部对新西兰邮政将财务增长置于社会背景中的综合报告形式表现出了浓厚兴趣，已将综合报告设定为长期的企业信息

披露规划。

六、综合报告，价值何在

随着综合报告的推广，越来越多的数据、案例开始涌现，证明在综合报告、非财务因素的管理和财务业绩之间存在着正相关的关系。同时，企业的董事会面对着越来越大的压力，需要在报告中解释：如何可持续性地达成企业的长期目标。

综合报告不再仅仅是交流企业经营业绩的途径与方式，而且是管理层通过整合性思维在企业不同部门之间建立联系，并基于一系列的业绩数据做出战略决策。同时，综合报告还有助于企业与投资者和利益相关各方之间进行更为畅通的对话，最终支撑起一个更加稳定的外部经济环境。综合报告能带来的好处可总结如表 3 - 1 所示。

表 3 - 1 　　　　　　　综合报告的价值

直接价值	
降低成本	增加收入
• 节省生态效益成本	• 商业模式创新
• 降低遵从成本	• 产品创新
• 降低采购成本	• 新收入流
间接价值	
风险管理	品牌和无形资产
• 降低资本成本	• 提高品牌价值
• 降低声誉、经营、供应链或监管等风险	• 管理员工关系：提升吸引力和保留率
• 降低对稀缺资源的依赖	• 改善了市场准入或"社会经营执照"

资料来源：PwC 发布的《实施综合报告——新语言实践指引》（2015），经本书作者翻译整理。[①]

总之，综合报告的成长需要变革，企业需要自我推动。《综合报告框架》有助于此项任务的完成。然而，对于其他相关方来说，特别是投资者、

---

① 根据普华永道于 2015 年发布的《实施综合报告——新语言实践指引》（Implementing Integrated Reporting – PwC's Practical Guide for a New Business Language, 2015）整理。欲阅读全文，请浏览 http://www.pwc.com/gx/en/audit-services/publications/assets/pwc-ir-practical-guide.pdf。

审计师和商业顾问们，在其中所能起到的作用不可低估。企业相信，在投资模式中使用整合性信息就是向前迈出的一大步。大多数试点企业都认为，在评估除财务资本之外的其他资本时，大多数的投资者仍旧正在进行的是孤立而平行的分析。当然，资本市场的变革需要时间，机构们更为关心的是如何才能使变革真正发生。当机构深切地了解到为什么非财务业绩指标会成为财务业绩的重要说明之后，希望投资者能更好地利用这些信息。当然，非财务信息鉴证与财务信息审计之间的统一和融合，还有较大的提升空间。作为迈向综合报告的举措之一，很多企业增加了对非财务信息鉴证服务的投入，比如，统一流程，提升信息的稳健性。财务信息的审计现处在相当严厉的监管之下，而向综合审计的转变进程还较为缓慢。例如，一家消费品生产企业已发布综合报告长达五年时间，为了不再为两份独立的报告分别进行鉴证，一直没有停止对综合审计的探寻，但遗憾的是，至今未果。

在企业努力为投资者和其他利益相关方提升业绩和效益信息质量之时，其他相关各方也可做出应有的贡献。毕竟，财务信息披露已发展了好几个世纪，而对其他类型资本的计量仍旧处在起步阶段。无论是对单个企业的成长来说，还是对整个金融市场的稳定来说，都有大把的创新机会。

 你，知道吗？

"综合报告案例数据库"

Integrated Reporting Examples Database 是国际综合报告委员会与 Black Sun Plc 的合作项目，设立的目的是为正在践行或计划践行综合报告的组织机构提供线上参考资源。这个数据库会不定期更新，不断增加新的报告实例。

收录于这个数据库的综合报告实例，一般是由国际综合报告委员会、Black Sun Plc 和其他支持综合报告的第三方（包括会计师事务所、企业、投资者和研究机构）推荐的。截至目前，此数据库只收录以英语为编制语言的综合报告，以及能够从公开渠道取得的报告（包括参与了国际《综合报告框架》的网络项目）。浏览地址：http://examples.integratedreporting.org/home。

第四章

《综合报告框架》，内容有什么[①]

变革总是来之不易。有人会说，一切只需保持现状就好了，也总有人会提到变革的阻碍、风险和成本。然而，变革总会发生，时而平缓，时而急剧，时而飞快，时而缓慢。在这个财务与非财务报告仍然隔离的世界中，变革终将发生。

——Robert G. Eccles & Michael P. Krzus[②]

国际综合报告委员会（IIRC）在2013年12月正式发布了《综合报告框架》（简称《框架》），希望能为编制综合报告的企业和其他机构提供以原则为导向的指南，通过推动这些企业和机构的行动，在全球范围内全面推动企业报告的创新和发展，使综合报告逐渐成为企业报告基准。综合报告在很多方面有别于其他无关联或静态的报告和沟通文件，特别关注机构在短期、中期和长期创造价值的能力，并通过强调简练、注重战略和面向未来、信息连通性、资本及其相互关系以及整合性思维在机构中的重要性得以实现。

要真正了解《框架》是什么，先需要了解国际综合报告委员会的愿景是什么？这个由监管机构、投资者、公司、标准制定者、会计专业人士和

---

① 本章内容根据《综合报告框架》（中文版，2014）整理。受国际综合报告理事会委托，中国注册会计师协会主持，并协调其他有关境外会计职业组织对该框架的中文翻译稿进行了审校。欲阅读全文，请浏览 http：//integratedreporting.org/wp-content/uploads/2014/04/13－12－08－THE－IN-TERNATIONAL－IR－FRAMEWORK－CS.pdf。

② 引自 Robert G. Eccles 和 Michael P. Krzus 所著的《统一报告——企业可持续发展战略整合报告体系》（One Report：Integrated Reporting for a Sustainable Strategy，2010）。

非政府组织（NGO）组成的全球联盟，其长期愿景是：在这个世界中，将整合性思维嵌入公共部门和私营部门的主流商业行为中，将综合报告作为单位报告的标准，并助力其实现。整合性思维和报告的循环，将使资本配置更具效率和效果，进而作为推动财务的稳定性和可持续性的一种力量。

具体来说，国际综合报告委员会旨在：

• 提高财务资本提供者获得的信息质量，实现更具效率和效果的资本配置；

• 在借鉴不同公司报告流派的基础上，促成一种更连贯、更有效的公司报告方式，从而反映出对机构持续价值创造能力形成重大影响的所有因素；

• 加强对广义资本（财务、制造、智力、人力，社会与关系以及自然）的问责制和受托经管责任，加强对资本间相互依赖关系的理解；

• 支持以短期、中期和长期的价值创造为重点的整合性思维、决策和行为。

其中，整合性思维是指机构积极考量各经营和职能部门与自身所使用或影响的资本之间的关系，最终通向考虑机构短期、中期和长期价值创造的整合决策和行为。整合性思维考虑的是影响机构持续价值创造能力的因素之间的联系和相互依赖关系，包括：机构使用或影响的资本及资本间的重要相互依赖关系；回应关键利益相关者合理需求和利益的能力；如何调整商业模式及战略，对外部环境和面临的风险和机遇做出回应；活动和绩效（财务及其他方面）以及以资本为体现的过去、现在和未来的成果。整合性思维嵌入越多，管理报告、分析和决策中就越自然地具有信息连通性。此外，还能带来更好的信息系统集成，从而支持包括编制综合报告在内的内外部报告与沟通。

一、有哪些基本概念

综合报告要说明的是机构如何持续创造价值。价值并非仅仅由机构独自在机构内部创造的，价值创造需要受外部环境影响，并依赖于与利益相关者的关系以及各类资源。因此，综合报告旨在让使用者深入了解影响机构的外部环境、被机构使用和受其影响的资源和关系（统称为资本，并分为财务资本、制造资本、智力资本、人力资本、社会与关系资本以及自然资本）以及机构如何与外部环境和资本相互作用以在短期、中期和长期创造价值。

（一）价值创造

机构持续创造价值体现为资本因机构的商业活动和产出而增加、减少或转化。此类价值包含为机构自身创造的价值（可为财务资本提供者带来的经济回报）和为其他方创造的价值（即，利益相关者和社会整体）两个互相联系的方面。机构创造两方面价值的能力是相关联的（见图4－1）。

图 4－1 为机构和其他方创造价值

资料来源：IIRC 发布的《综合报告框架》（2013），经本书作者翻译整理。

财务资本提供者关注机构为自身创造的价值。同时，财务资本提供者也会关注到机构为其他方创造的价值，但前提是此类价值能否提升机构为自身创造价值的能力，或者关系到外界对机构的社会性评价。

这些对机构创造价值能力至关重要的活动、关系和互动，都要纳入综合报告之中。这其中包括资本影响在多大程度上被外部化了的考量（即，不被机构所拥有，或承担的成本对资本可能产生的其他影响）。外部效应可能是正面的，也可能是负面的，换句话说，即可能导致由资本所体现的价值净增加或净减少。外部效应最终可能增加或减少机构为自身创造的价值，因此，为了衡量重大外部效应的影响以进行相应的资源配置，财务资本提供者需要此类的信息。

此外，由于价值是在不同的时间范围内、通过运用不同的资本、为不同的利益相关者所创造的，因此，不能通过最大化某种资本却忽视其他资本来创造价值。例如，以牺牲人力资本（如，雇佣不当的人力资源的策略和做法）为代价实现财务资本（如，利润）最大化，从长期来看，这样做并没有为机构实现价值最大化。

（二）资本

所有机构的成功都依赖于各种形式的资本。在综合报告框架中，资本包括财务、制造、智力、人力、社会与关系以及自然资本。然而，编制综合报告的机构并非一定要采用此种分类。

1. 资本的存量和流量

资本是价值存量会因机构活动和产出而增加、减少及转化。例如：机构的财务资本在获得利润时增加，机构的人力资本质量在员工得到更好的培训时获得提升。资本的总体存量随时间推移不断变化。随着资本的增加、减少或转化，各项资本之间和资本内部也会产生相互流动。例如，当机构通过员工培训提高其人力资本时，相关的培训成本会使机构的财务资本随之减少，财务资本由此转化为人力资本。还有其他一些简单例子，如，因从雇主处领取工资，培训者的财务资本得以增加，如果该员工将新获得的技能运用到社区机构，则可能带来社会资本的增加。这些例子显示了资本之间持续的相互作用和转化，尽管速度和结果可能会有很大的不同。

机构实际活动所引起的增加、减少或转化要比上述例子复杂得多，而且会涉及范围更广的各种资本或者某一类资本内部还可以细分成更多的小类别（如，使用水种植农作物，再用农作物饲养牲畜，水、农作物以及牲畜均为自然资本中的不同种类）。尽管机构的目标是创造价值，但部分资本中所储存的价值可能因此而减少，从而导致资本总存量的净减少。许多情况下，最终的效果是增加还是减少（或既不增加，也不减少，价值得到保留），因视角不同而会有差异。如在上文的例子中，对员工和雇主来说，培训的价值可能就会有所不同。在综合报告中，价值创造包括资本总存量不变或减少的情况（即价值得到保留或减少）。

2. 资本的类别和描述

综合报告框架将资本分为财务、制造、智力、人力、社会与关系以及自然六类（见图 4 - 2）。

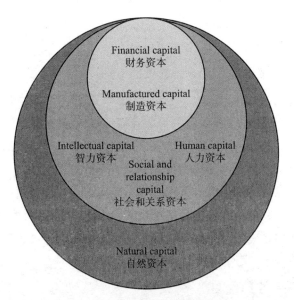

图 4 - 2　综合报告中的 6 类资本

资料来源：IIRC 发布的《综合报告框架》（2013），经本书作者翻译整理。

（1）财务资本，是指在机构生产产品或提供服务时可用的，或通过经营或投资而形成的资金池。

（2）制造资本，是指可供机构在生产商品或提供服务时使用的、经人加工后的有形物体（不同于自然的有形物体），包括建筑物、设备、基础设施（如，道路、港口、桥梁，废料和废水处理厂等）。制造资本通常由其他机构创造，但也包括由报告机构制造并用于销售或留作自用的资产。

（3）智力资本，是指机构的、基于知识的无形资本，包括知识产权（如，专利、版权、软件、权限和许可等）、"机构资本"（如，隐性知识、系统、程序和协议）。

（4）人力资本，是指员工的才能、能力和经验以及创新动机，包括员工认同并支持机构的治理框架、风险管理方法及道德价值观、员工能够理解且制定并执行机构的战略、员工的忠诚度和改善流程、产品和服务的动机（包括领导、管理和协作的能力）。

（5）社会与关系资本，是指在社区、利益相关者群体和其他网络的内部或相互之间的制度和关系以及为增进个人和集体的福利而共享信息的能力。社会与关系资本包括：共同的规范以及共同的价值观和行为；机构与外部利益相关者已经形成并力图构建和保护的关键利益相关者关系，信任和参与意愿；与机构形成的品牌和声誉相关的无形资本；机构经营的社会许可。

（6）自然资本，是指向机构提供支持其在过去、现在或未来的繁荣所必需的商品或服务的，所有可再生和不可再生的环境资源和过程。包括空气、水、土地、矿产和森林以及生物多样性和生态系统健康。

并不是所有类型的资本对所有的机构都具有同等的重要性或适用性。尽管大多数机构都在一定程度上会运用到各类资本，但有些资本可能相对不那么重要或者较为间接，重要程度不够高，以至于不需要包含在综合报告中。

3. 资本在《框架》中的角色

综合报告框架并未要求综合报告机构必须采用以上的资本分类或是按照上述资本分类安排综合报告的结构。但是，此种资本分类是价值创造概念理论基础的一部分，可以看作一项指导，确保机构考虑自身使用或影响的所有形式的资本。

机构可以采用不同的方式对资本进行分类。例如，可将与外部利益相关者的关系及与品牌和声誉相关的资本分类为"无形资本"，也可作为"社会与关系资本"的一部分。甚至，在一些机构里，既可以作为单项的，还可以是其他资本的一部分或跨多项资本来考量。同样，一些机构将智力资本定义为人力资本的一部分或"结构"资本和"关系"资本。不论机构如何对资本进行分类，都可将上述资本分类方式作为指导，以确保机构不会忽略其使用或影响的资本。

（三）价值创造过程

在描述价值创造过程之前，有必要先简要了解几方面的背景知识。

第一，什么是外部环境？外部环境（包括经济条件、技术变革、社会问题和环境挑战）构成了机构的经营环境，着眼于整个机构的使命和愿景，清晰、简洁地指明机构的目标和意向。

第二，治理层有责任创建合适的监督结构，支持机构的价值创造能力。

第三，商业模式位居机构的核心，利用各种资本作为投入，并通过机构的经营活动将其转化成产出（产品、服务、副产品和废料）。机构的活动和产出将对资本产生影响。商业模式适应变化的能力（例如，投入的可获得性、质量和价格可承受性）可能会影响机构的长期生存能力。

第四，经营活动包括规划、设计和制造产品或提供配置专门技能和知识的服务。倡导创新的文化也是一项重要的经营活动，体现在：预知客户的需求，开发新产品和新服务，引进效率高、更好的技术替代投入从而在最大程度上降低负面的社会或环境影响，以及开发出产出的其他用途。

第五，成果是由机构经营活动和产出带来的对资本的影响，包括内部的和外部的（正面的和负面的）。

图4-3展示了价值创造过程。以机构的使命和愿景为背景，对外部环境进行持续的监控和分析，以此识别与机构、机构战略及其商业模式相关的风险和机遇。机构的战略确定机构计划如何降低或管理风险，最大限度地利用机遇，还会提出战略目标和实现这些目标的策略如何通过资源配置计划实行。机构还需要了解绩效信息，这涉及建立计量和监控体系，为决策提供信息。价值创造过程并非静态，还需要定期审视各组成部分及其各部分与其他部分间的相互作用，并着眼于机构的前景展望，不断改进和优化。

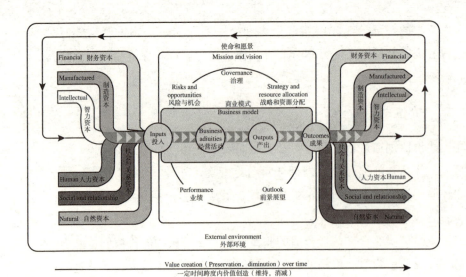

图 4 – 3   价值创造过程

资料来源：IIRC 发布的《综合报告框架》（2013），经本书作者翻译整理。

二、有哪些指导原则

综合报告的指导原则，是综合报告编制和列报的基础，指导确定报告内容及信息列报的方式，包括以下七个原则：注重战略和面向未来、信息连通性、利益相关者关系、重要性、简练、可靠性和完整性以及一致性和可比性。这些指导原则可以单独运用，也可以结合运用，以编制和列报综合报告。在应用这些指导原则时，特别是存在明显冲突时（如，在简练与完整性之间有冲突时），应合理做出判断。

（一）注重战略和面向未来

综合报告需要深入说明机构的战略，以及这一战略如何与机构在短期、中期和长期的价值创造能力相关，如何与资本使用情况及对资本的影响相关。此指导原则的运用不限于战略和资源配置及前景展望等内容元素。对于其他内容的选择和列报也适用。例如：

- 突出机构市场定位和商业模式带来的重大风险、机遇和依赖关系；
- 为了确定未来的战略方向，治理层需要表达对于过去和未来绩效之间的关系和可能影响这一关系的因素、机构如何平衡短期、中期和长期利益以及机构如何基于以往经验等问题的观点。

要做到注重战略和面向未来，综合报告内容就要清晰阐明重要资本的持续可获得性、质量和价格可承受性如何帮助机构提高其在未来实现战略目标的能力，进而提高机构的价值创造能力。

（二）信息连通性

综合报告要展示出对机构持续价值创造能力产生重大影响的各个要素之间的组合、相互关联性和依赖关系的全貌。整合思维嵌入机构活动中越多，信息连通性就将越自然地反映在管理报告、分析和决策中，并继而反映在综合报告中。

体现信息连通性的关键，包括以下方面信息之间的连通性。

（1）内容元素。综合报告将各内容元素融合为一张全景图，从而能从整体上反映机构活动的动态和系统的相互作用。例如，对现有资源配置的分析，以及机构如何组合这些资源或做出进一步投资，以实现其目标绩效；或者，关于机构战略如何调整的信息（如，发现新的风险和机遇或过往绩效不如预期时）；以及将机构的战略和商业模式与外部环境的变化联系起来（如，技术变革步伐的加快或放缓、社会期望的变化，以及地球资源日益短缺）。

（2）历史、现在和未来。机构对其在过去到现在这一期间内的活动进行分析，可以提供有用的信息，支持评估已报告的关于从现在到未来期间信息的合理性。此外，对过去到现在这一期间做出的说明也有助于分析当前的能力和管理质量。

（3）资本。这包括资本之间的相互依赖关系和权衡，以及其可用性、质量和价格可承受性如何影响机构创造价值的能力。

（4）财务信息和其他信息。例如：研发政策、技术/专业知识或人力资源投资对预期收益增长或目标市场份额的意义；环境政策、能源效率、与当地社区的合作以及用以解决社会问题的技术对成本削减和新的商业机遇的意义；长期客户关系、客户满意度或声誉对收益和利润增长的意义。

（5）定量和定性信息。为了使综合报告能够恰当地反映机构的价值创造能力，定性和定量信息都十分必要，因为二者互为背景。将关键业绩指标作为叙述性说明的一部分，可使之成为定量与定性信息相联系的有效方式。

（6）管理信息、董事会信息和对外报告的信息。如，综合报告中的定量指标与治理层所使用的内部指标相一致，这一点具有重要意义。

（7）综合报告中的信息，机构其他沟通文件中的信息，以及其他来源信息。之所以有这样的要求，是因为只有机构的所有沟通文件保持一致，才可能使信息使用者在评估相关问题时，能将企业提供的信息与其他来源信息结合起来，而不是割裂开来。

此外，当综合报告的结构逻辑性强、列报规范、使用清晰易懂的通俗语言，并且运用有效的搜索工具（如清晰分明但相链接的章节和交叉索引）时，其信息连通性和整体实用性会得到提高。在这种情况下，可以借助信息和沟通技术，提高对信息的搜索、访问、合并、连接、自定义、重新使用或分析能力。

（三）利益相关者关系

综合报告中要深入说明机构与关键利益相关者之间关系的性质和质量，并说明机构在多大程度上理解、考虑并回应利益相关者的合法需求和利益。价值不单是由机构独自创造或在机构内部创造的，而是通过机构与其他方的关系而创造，综合报告体现了与机构主要利益相关者保持持续关系的重要性。但这一指导原则并不意味着综合报告应满足所有利益相关方的信息需求。

经济、环境和社会等方面的问题，不仅对利益相关者来说具有重要性，也会对机构创造价值的能力产生影响。因此，利益相关者的相关见解有助于机构了解利益相关者对价值的认识、识别尚未引起公众关注但重要性日趋显著的趋势、识别重大事项（包括风险和机遇）、制定并评估战略、管理风险、采取行动（包括对重大事项做出战略性的、负责任的应对）。

在日常经营中保持与利益相关者的沟通（如，与客户和供应商的日常联络，或在战略规划和风险评估中进行更为广泛的持续沟通）。沟通也可能基于特别目的而进行（例如，计划扩大工厂规模时，邀请当地社区参与其中）。机构运营中整合性思维嵌入越多，机构对主要利益相关者的合法需求和利益的考虑就会越全面，并将其作为机构运营的一部分。

综合报告通过披露机构如何在决策、行动和绩效以及持续沟通中了解、考虑并回应主要利益相关者的合理需求和合法利益，增强透明度和责任意识，这对于构建信任和稳固性而言意义重大。

问责与受托经管责任概念和机构的责任紧密相关，企业有责任照管或负责任地使用受其活动和产出影响的资本。当资本为组织所有时，管理层和负责人员需通过自己对组织的法律责任承担起联合管理责任。

当资本归其他方所有或者无主时，基于法律或法规的规定，管理层和治理层可能负有受托经管责任。例如，通过与所有者签订的合约，或通过劳动法或环境保护法规。如果受托经管责任在法律法规中未作要求，机构仍可能在道义上接受或选择接受承担受托管理责任，以顺应利益相关者的期望。

（四）重要性

综合报告中应披露对机构短期、中期和长期的价值创造能力具有实质影响的事件信息。

1. 重要性确定流程

在为编制和列报综合报告而确定重要性时，要涉及基于影响价值创造能力识别的相关事项、根据相关事项对价值创造产生的已知或潜在影响来评估其重要性、根据事项的相对重要性排列事项优先顺序、确定要披露的重大事项相关信息。上述重要性确定流程适用于正面和负面事项（如，风险和机遇、有利或不利绩效以及未来前景）。也适用于财务信息和其他信息。此类事项可能对机构自身具有直接意义，或者影响其他方拥有或可获得的资本。

为了做到最有效，重要性确定流程与机构的管理流程相整合，并定期与财务资本提供者和其他方进行沟通，以确保综合报告符合主要目标。

2. 识别相关事项

相关事项是对机构的价值创造能力具有或可能具有影响的事项。通过考虑对机构战略、治理、绩效或前景的影响，确定此类事项。通常，在治理层会议上讨论的、与价值创造有关的事项被视为相关事项。从主要利益相关者的视角理解识别相关事项具有重要的意义。短期内相对容易处理的事项，但如置之不理，则可能在中期和长期变得更加具有破坏性或更难处理，此类事项也需包括在相关事项中。不能因机构不愿处理或不知如何处理而将事项排除在外。

3. 评估重要性

并非所有相关事项都将被视为重大事项。从对价值创造具有已知或潜在影响的角度看，一个事项需要足够重要，才能包括在综合报告中。这需要评估事项影响的严重程度，如果不能确定事项是否会发生，则还需要评估其发生可能性。

评估影响的严重程度时，应考虑事项对机构战略、治理、绩效或前景的影响是否严重到有可能对机构持续价值创造产生重大影响。这要求做出判断，并取决于该事项的性质。重大事项可以是单独一个事项，也可以是多个事项的组合。

评估事项影响的严重程度并非意味着需要将影响予以量化。根据事项性质的不同，定性评估可能更为恰当。评估影响的严重程度时，机构需要考虑定量和定性因素；财务、经营、战略、声誉和监管角度；影响的区域（无论是在机构的内部还是外部）；以及时间跨度。

4. 排定重大事项的优先顺序

一旦大体地确定了重大事项，还需要按照其严重程度进行优先排序。这有助于确定如何报告时，侧重最重要的事项。

5. 确定要披露的信息

在确定如何在综合报告中恰当披露重大事项时，需要运用职业判断。这要求从内部和外部不同的视角进行考虑，并且保持与财务资本提供者和其他方的沟通，以确保综合报告符合主要目标。

6. 报告范围

报告范围概念是确定重要性过程的关键。在确定综合报告的范围时，需要涉及两方面：一方面是财务报告主体（即出于编制财务报告目的的范围）；另一方面是和财务报告主体以外的其他主体/利益相关者的或与之相关的，对财务报告主体创造价值的能力有着重要影响的风险、机遇和成果。

财务报告主体居于报告范围的中心位置，因为，财务资本提供者向财务报告主体投资，需要了解相关信息。此外，使用财务报告主体，可使财务报表中的信息起到基准或参考点的作用，以便与综合报告中的其他信息相关联（见图 4 - 4）。

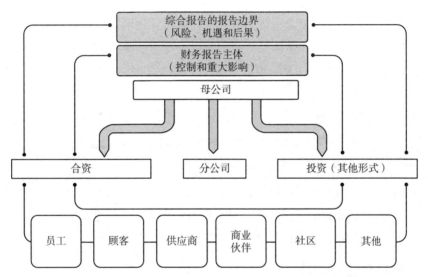

图 4 - 4　确定报告范围时所考虑的主体/利益相关者映射图

资料来源：IIRC 发布的《综合报告框架》（2013），经本书作者翻译整理。

（1）财务报告主体。财务报告主体需要确定哪些子公司、合营公司和联营公司的交易和相关事件应包括在机构的财务报告中。财务报告主体根据适用的财务报告准则来确定，这些准则基于"控制"或"重大影响"等核心概念。

（2）风险、机遇和成果。识别属于财务报告主体以外的主体/利益相关者的或与之相关的，对该财务报告主体的价值创造能力具有重大影响的风险、机遇和成果。其他主体/利益相关者可能是财务报告中的"关联方"，但通常范围更大。

考虑财务报告范围以外的范围，其目的在于确定对机构创造价值的能力有重大影响的风险、机遇和成果。报告范围中的此部分主体/利益相关者并非因控制或重大影响而与财务报告主体有关，而是因风险、机遇和成果的性质和邻近而与之有关。例如，如果机构所在行业用工行为的某些特点，对于机构创造价值的能力具有重要性，那么，综合报告中披露的信息还应包括这些方面的信息。

（五）简练

综合报告应简明扼要。综合报告为理解机构战略、治理、绩效和前景提供充分的背景信息，并避免冗余信息。机构在综合报告的简练和其他指导原则（尤其是完整性与可比性）之间取得平衡。为实现简练，综合报告需要：

- 应用重要性确定流程；
- 采用合理的逻辑结构，适当包含内部交叉引用以限制重复内容；
- 链接至不常更改的详细信息（如，子公司名单）或外部信息来源（如，政府网站有关未来经济状况的假设）；
- 尽可能以简明扼要的措辞清晰阐明概念；
- 尽可能使用通俗的语言，避免行业术语或高度技术性术语；
- 避免过于宽泛的、对机构不具有针对性的表述，即样板化的表述。

（六）可靠性和完整性

综合报告应包括所有正面和负面的重大事项，并以一种平衡方式列报，且无重大错误。

1. 可靠性

信息的平衡（即无偏颇）和无重大差错影响信息的可靠性。可通过诸如强有力的内部控制和报告体系、利益相关者参与、内部审计或类似职能以及独立的外部鉴证等机制，提高可靠性（通常称为"忠实表达"）。

治理层承担机构战略、治理、绩效和前景如何持续创造价值的最终责任。治理层负责确保对综合报告编制和列报的有效领导和决策，包括确定并监督参与该过程中的员工。

在编制综合报告的过程中保留审计轨迹有助于高级管理层和治理层复核报告，并判断确定信息是否足够可靠，可以包括在综合报告中。某些情况下（如，对于面向未来的信息），综合报告中可以说明用于确保可靠性的机制。

此外，平衡的综合报告在选择或列报信息时不应带有偏见。报告中的信息不得存在倾向性、过分强调/不强调、捏合、抵消或以其他方式人为操纵，从而存在改变预期报告使用者接收信息时做出有利或不利印象的可能性。确保平衡的重要方法包括：选择不会对基于综合报告的评估产生不当影响的列报格式；对资本的增加和减少、机构的优势和弱势、正面绩效和负面绩效等因素予以同等考虑；对照之前所报告的目标、预计、预测和期望做出报告。同时，无重大差错。无重大差错并非指信息在所有方面均完全准确，而是已通过流程及控制，使报告包含重大错报的风险降至可接受的低水平。同时，如果信息包含估计，这一情况需要清楚地加以说明，并且说明估计流程的性质和局限性。

2. 完整性

完整的综合报告包括所有正面和负面的重要信息。为确保所有重要信息均已识别，应考虑同行业机构的报告内容，因为，同行业中的某些事项很可能对于该行业中所有机构而言都具有重要性。确定完整性时，应考虑所披露信息的范围、详尽程度和精确度。这可能会涉及成本/效益、竞争优势和面向未来等方面考量信息的潜在担忧。

（1）成本/效益。在性质上看，综合报告中所包括的信息对于机构管理是至关重要的。相应地，如果事项对于机构的管理十分重要，则不应因成本因素而忽略恰当评估和管理该事项的关键信息。同时，机构在确定为实现综合报告主要目标所需列报信息的范围、详尽程度和信息精确度时，可以评估成本和效益，但不应出于成本考虑而对重大事项完全不作披露。

（2）竞争优势。在包含有关竞争优势的重大事项信息时（如，重要战略），机构考虑如何在避免披露可能导致竞争优势严重受损的特定信息的情况下，在综合报告中描述该重大事项的要点。相应地，机构需考虑竞争对手可能会从综合报告信息中获利，并将其与综合报告要达到的主要目标需要之间进行权衡。

（3）面向未来的信息。在一些司法管辖区中，法律或监管要求可能适用于某些面向未来的信息。例如，可以做出的披露类型；是否需要或允许警示声明来强调可实现方面的不确定性；有责任公开更新此类信息。基于未来的信息在性质上比历史信息更具不确定性。但不确定性并不是排除此类信息的原因。

（七）一致性和可比性

综合报告中列报的信息，编制基础应前后一致，应当是有关一个机构自身价值创造过程的重要信息，使之能够与其他机构进行比较。

1. 一致性

各个期间遵循的报告政策应一致，除非为了提高报告信息的质量而需要做出更改。这包括，在不同报告时期都具有重要性的关键业绩指标（KPI），则需要报告相同的 KPI。当作出重大更改时，机构需说明更改的原因，描述其影响（并在可行且重要时，量化此种更改）。

2. 可比性

综合报告中的具体信息必然因机构而异，因为每个机构都在以其独特方式创造价值。然而，解决内容元素相关问题，对所有机构都适用，可帮助确保机构之间适当的可比性水平。还有很多有力工具可提高可比性（综合报告自身及与综合报告可链接到的更多细节信息），包括使用基准数据（如，行业或地区基准）、以比率形式显示列报信息（如，用销售额百分比表示的研究支出，或以单位产出排放计量碳强度）、报告其他从事类似业务活动的机构普遍使用的定量指标，特别是有独立机构（如，行业机构）规定的标准定义。但除非上述指标与机构的特定情况相关并且只是被机构在内部使用的，否则不应将其包括在综合报告中。

三、有哪些内容要素

综合报告包含 8 个内容元素：机构概述和外部环境、治理、商业模式、风险和机遇、战略和资源配置、绩效、前景展望以及列报基础。综合报告的内容元素，是要求包括在综合报告中的信息类别，从根本上相互关联且不相互排斥，其排序方式也并不唯一。内容元素并不是在为综合报告提供标准结构，只要内容元素之间的联系用显得清晰的方式列报即可。因此，机构综合报告中的内容取决于机构的具体情况，内容元素以问题而非特定披露顺序出现，但需要做出判断，即运用指导原则来确定哪些信息需要报告以及如何报告。

（一）机构概述和外部环境

综合报告在此部分应回答以下问题：机构从事什么业务，在怎样的环境下运营？综合报告需要说明企业的使命和愿景，从而提供必要的企业运营背景。

1. 机构概述

机构概述主要由三方面信息构成。首先，机构的文化、道德和价值观、所有权和经营结构、主要业务和市场、竞争状况和市场定位（如，新竞争、替代产品或服务的威胁、客户和供应商的议价以及竞争对手的强度）以及企业在价值链中所处的地位。其次是关键定量信息（如，员工数、收入及企业营运所处国家/地区的数量），尤其应着重指出与前期相比发生的重大变化。最后是影响外部环境和企业应对的重要信息。

2. 外部环境

影响外部环境的重要因素，包括对机构在短期、中期或长期的价值创造能力产生影响的法律、商业、社会、环境和政治等多方面的背景因素。这些因素会对机构产生直接或间接影响（如，机构正使用或影响的资本，其获得性、质量和价格可承受性是否产生了影响）。

这些因素的产生背景可以是特定机构，机构所在的行业或地区，也可以是范围更广的全社会或全球背景。重要因素可能包括但不止于关键利益相关者的合法需求和利益、宏观和微观经济条件（如，经济稳定性、全球化和行业趋势）、市场因素（如，竞争对手的相对优势、劣势以及客户需求）、技术变革的速度和影响、社会问题（如，人口和人口构成变化、人权、健康、贫困、集体价值观和教育系统）、环境挑战（如，气候变化、生态系统丧失和因地球资源使用达到极限而造成的资源短缺）、机构经营所处的立法和监管环境、机构经营所在国家/地区的政治环境及可能对机构执行战略能力造成影响的其他国家/地区的政治环境。

（二）治理

综合报告在此部分应回答以下问题：机构的治理结构如何支持企业在短期、中期和长期创造价值？

综合报告主要针对的是对与机构创造价值能力相关联的以下事项：

• 机构的领导结构，包括治理层的技能和多样性（如，背景、性别、能力和经验）以及监管要求是否会影响治理结构的设计；

• 用于制定战略决策，确立并监控机构文化的具体流程，包括面对风险的态度以及解决与诚信和道德相关问题的机制；

• 治理层为影响和监控机构战略方向及风险管理方法而采取的特别行动；

• 机构的文化、道德和价值观如何体现于机构对资本的使用和影响，包括机构与主要利益相关者之间的关系；

• 在治理方面，机构是否实施超过法律要求的做法；

• 治理层为推进和助力创新所承担的责任；

• 薪酬和激励如何与机构在短期、中期和长期的价值创造挂钩，包括薪酬和激励如何与机构对资本的使用和影响挂钩。

（三）商业模式

机构的商业模式，是指通过经营活动将投入转化为产出和成果的体系，旨在实现机构的战略目标并在短期、中期和长期创造价值。

综合报告应回答以下问题：机构的商业模式是什么？

1. 投入

综合报告要表明，关键投入如何与机构所依赖的或是使机构产生差异化的资本相关联。此问题对于理解机构商业模式的稳固程度和长久性至关重要。但并非是要提供所有投入的详尽清单,而需注重于那些对短期、中期和长期内创造价值的能力有重要影响的投入,无论其是否来自机构所拥有的资本。其中还应涉及影响权衡投入选择的重要事项性质以及重要程度。

2. 经营活动

综合报告需描述关键经营活动。可能包括:机构如何使自己在市场中有别于其他同行(如,产品差异化、市场细分、配送渠道和营销)、商业模式对完成初始销售后收入的依赖程度(如,延长保修计划或网络使用费用)、如何满足创新需要以及如何重新设计商业模式以适应变化。在需要的时候,还要讨论流程改进、员工培训和关系管理等行为对机构长期成功的贡献。

3. 产出

综合报告指出了机构的关键产品和服务。可能有诸如副产品和废料等其他产出(包括排放物),需要视其重要性在商业模式披露中进行讨论。

4. 成果

综合报告要对关键成果加以描述,其中包括:内部成果(如,员工士气、机构声誉、收入和现金流)和外部成果(如,客户满意度、纳税额、品牌忠诚度以及社会和环境影响)以及积极成果(带来资本净增长并由此创造的价值)和消极成果(引起资本净减少并由此价值的减少)。对成果(特别是外部成果)进行识别和描述,要求机构从更广的角度来考虑资本,而不仅限于那些归机构所有或受企业控制的资本。例如,可能要求披露对价值链上下游资本的影响。

5. 拥有多个商业模式的机构

对于应用多种商业模式(如,在不同细分市场经营时)的机构,为有效说明机构如何经营,需将机构分拆为重要经营组成部分和相应的商业模式。这需要单独考虑每个重要的商业模式并解释各商业模式间的关联程度(如,是否存在互补优势),机构经营的是投资管理业务除外。在此种情况下，综合报告可能需要在信息披露与减少复杂性需求之间取得平衡。然而，重要信息不应省略。恰当的做法是，除考虑定期向治理层报告核心信息之外，还需要将外部报告与内部报告尽可能保持一致。

6. 提高对商业模式描述的有效性和可读性

可提高对商业模式描述的有效性和可读性的方法包括，但不止于以下几点：对商业模式关键要素的清晰识别、突出关键要素的简单图表，并辅以这些要素对机构相关性的清晰说明、基于机构的特定情况，富有逻辑性的文字叙述、识别关键利益相关者、对其他要素（例如，原材料）的依赖性以及影响外部环境的重要因素、关联到其他内容元素项下的信息（如，战略、风险和机遇以及包括 KPI 及诸如成本控制和收入等财务绩效）。

（四）风险和机遇

综合报告识别机构所特有的主要风险和机遇，包括与机构在短期、中期和长期资本影响相关的以及与相关资本的持续可获得性、质量和价格可承受性相关的主要风险和机遇。

综合报告应回答以下问题：影响机构短期、中期和长期价值创造能力的具体风险和机遇是什么？机构如何应对这些风险和机遇？其中应包括：

● 风险和机遇的具体来源，来自内部（源自企业经营活动的）、外部（源自外部环境的）以及内外兼有的；

● 机构对风险和机遇成为现实的概率（对可能引发风险或机遇成为现实的具体情况的考虑）及可能造成影响的重要程度的评估。此类信息的披露，不可避免地带有一定的不确定性；

● 为减轻或管理重大风险或从重大机遇中创造价值采取的具体步骤，包括识别相关战略目标、战略、政策、目标和关键业绩指标。

考虑到重要性指导原则，综合报告中应包含针对机构持续价值创造能力具有重要影响且可能导致极端后果的现实风险（无论是短期、中期还是长期风险）所采用的应对方法，即使发生的可能性很小。

（五）战略和资源配置

综合报告应回答以下问题：企业的目标是什么？机构如何实现这一目

标？通常要识别机构的短期、中期和长期战略目标、为实现这些战略目标已制定或打算实施的战略、为实施战略而制定的资源配置计划以及如何衡量成果，如何制定短期、中期和长期成果的目标等问题。

战略和资源配置具体包括以下三个方面。

• 机构战略和资源配置计划与其他内容元素所涵盖信息之间的联系，包括其战略和资源配置计划如何：首先，是与机构商业模式之间的关联，需要做出哪些必要的改变以执行选定的策略，从而了解机构的应变能力；其次，受外部环境及已识别的风险和机遇影响或对其做出应对；最后，是影响资本和与这些资本相关的风险管理计划。

• 机构的哪些差异化优势为其创造了竞争优势，并使其能够创造价值。例如：创新的作用；机构如何开发并利用智力资本；为使机构获得竞争优势，对环境和社会方面的考虑已在多大程度上融入机构的战略中，等等。

• 在制订战略和资源配置计划过程中，利益相关者参与的情况（这是特色和结论）。

（六）绩效

综合报告应回答以下问题：在报告期间，机构战略目标的实现程度如何？机构在对资本的影响方面取得了哪些成果？

定性和定量绩效信息通常包括以下事项：

• 有关目标及风险和机遇的定量指标，说明其重要性和潜在意义以及在编制时所使用的方法和假设；

• 机构对资本的影响（包括正面和负面的），包括对价值链上游和下游资本的重要影响；

• 与主要利益相关者关系的状态及机构如何应对利益相关者的合法需求和利益；

• 过去和当前绩效之间的联系，当前绩效和机构前景展望之间的联系。

此外，财务或其他关键绩效指标（如，销售与温室气体排放率）或对其他资本和因果关系重大影响的陈述性财务说明（如，因加强人力资本而产生的预期收入增长），可用以阐明财务绩效与其他资本绩效之间的关联性。其中，还可包括某些个例中对资本影响进行的货币化（如，碳排放和水使用）。

如果法规对绩效具有重大影响（如，因监管机构设定的价格而使收入受到限制）或者企业的违法违规对其经营造成重大影响，诸如此类情形都可能是与绩效相关的。

（七）前景展望

综合报告应回答以下问题：企业在执行其战略时可能遇到哪些挑战和不确定性，对企业的商业模式和未来绩效有何潜在意义？

综合报告通常会着重指出随着时间的推移，发生的预期变化，并基于合理、透明的分析，提供企业对于其在短期、中期和长期可能要面对的外部环境预期、此种外部环境将如何影响企业以及企业为应对可能出现的重大挑战和不确定性采取了哪些措施。

需要确保企业所陈述的期望和意图符合实际情况。它们应与企业把握自身面临机遇（包括相关资本的可获得性、质量和价格可承受性）的能力相称，并且与对企业竞争力状况、市场定位及其面对的风险所进行的实际评估相称。

对于未来（包括对未来财务绩效）的讨论，通常要包括：外部环境、风险和机遇以及分析这些风险和机遇如何影响战略目标实现；企业使用或影响的资本的可获得性、质量和价格可承受性（如，熟练劳动力或自然资源的持续可获得性），包括如何管理重要关系及这些关系对机构持续价值创造能力为何重要。

综合报告还可提供先导指标、关键绩效指标或目标、来自可确认的外部来源信息及敏感性分析。如果企业在报告前景展望时包含预测，那么，对相关假设进行概要说明就非常有必要。此外，将实际绩效与之前预测的目标进行对比，便于评估当前的前景展望。综合报告中披露的关于企业前景的信息，还须考虑到企业应遵从的法律或法规要求。

（八）列报基础

综合报告应回答以下问题：机构如何确定哪些事项应包含在综合报告中？如何量化或评估这些事项？

综合报告要说明编制和列报基础，包括企业确定重要性流程的概要、说明报告范围及其确定方法、用于量化或评估重大事项的重要框架和方法的概要。

其中，确定重要性的流程的概要可包括简要描述识别相关事项、评估其重要性、将其范围缩小至只保留重大事项的过程，识别治理层和关键人员在重大事项的认定和排序过程中所起的作用，还可以包含一个链接，告诉读者哪里可查阅更详细的重要性确定流程说明。

综合报告还要确定报告范围，说明其确定方法。与财务报告主体中包含的实体对应的或相关的重要风险、机遇和成果都应在企业综合报告中列报。如果与其他主体/利益相关者对应的或与之相关的风险、机遇和成果，对财务报告主体在短期、中期和长期的价值创造能力可能具有重大影响，则在影响的范围内于综合报告中披露。综合报告中列报的信息可能会受限于问题的性质和范围，如，无法获得财务报告主体无法控制的实体的可靠数据或者客观上根本无法识别对自身价值创造能力（特别是在长期创造价值的能力）产生重大影响的风险、机遇和成果，但此种局限性需要在综合报告给予披露以及为克服局限性而采取的行动。

综合报告还应包含用于量化或评估重大事项的重要框架和方法（如，用于编制财务信息的财务报告标准，企业定义的客户满意度计量公式或源于行业的风险评估框架，等等）。其他文件中要包含可能的、更具体的说明。当综合报告中的信息与机构公布的其他信息类似或以其他信息为基础时，应使用相同基础进行编制或者与上述其他信息保持协调统一。

（九）其他内容元素

1. 确定重要性的流程

综合报告应包含机构用于确定重要性的流程的概要和关键判断。其中可包括简要描述识别相关事项、评估其重要性、将其范围缩小至只保留重大事项的过程、识别治理层和关键人员在重大事项的认定和排序过程中所起的作用。还可以包含一个链接，告诉读者哪里可查阅更详细的重要性确定流程说明。

2. 报告范围

综合报告应确定报告范围，说明其确定方法。与财务报告主体中包含的实体对应的或相关的重要风险、机遇和成果都将在机构综合报告中列报。如果由其他主体/利益相关者对应的或与之相关的风险、机遇和成果对财务报告主体在短期、中期和长期的价值创造能力具有重大影响，则在影响的范围内于综合报告中报告上述机遇、风险和成果。实际问题可能会限制在综合报告中列报的信息的性质和范围。例如，对于财务报告主体无法控制的实体，其相关可靠数据的可获得性；再如，客观上无法识别所有将对财务报告主体的价值创造能力（特别是在长期创造价值的能力）产生重大影响的风险、机遇和成果。在综合报告中披露上述局限性以及为克服上述局限性而采取的行动可能是适当的。

3. 重要框架和方法

综合报告应包含用于量化或评估报告中重大事项的重要框架和方法的概述（例如，用于编制财务信息的适用财务报告标准，企业定义的客户满意度计量公式或者源于行业的风险评估框架）。其他沟通文件中可能包含更具体的说明。当综合报告中的信息与机构公布的其他信息类似或以其他信息为基础时，应使用相同基础进行编制或者易于与上述其他信息进行协调统一。例如，如果一项关键绩效指标针对的主题与机构的财务报表或可持续发展报告中的某一信息类似或者前者以后者为基础，则该指标应当与该信息以同一基础编制，涵盖同样的期间。

（十）通用报告指南

以下一般报告事项与各内容元素相关：

- 重大事项披露；
- 关于资本的披露；
- 短期、中期和长期时间长度；
- 汇总与分拆。

1. 重大事项披露

在考虑重大事项的性质的基础上，机构应考虑提供以下信息。

- 关键信息，例如：对事件及其对机构战略、商业模式或资本影响的说明；与理解因果关系有关的相关互动和相互依赖；机构对事项的观点；管理事项的行动及行动的有效性；机构对事项的控制程度；定量和定性披露，包括前期的比较信息及未来时期的目标。

- 如果围绕该事件存在不确定性，则披露关于该不确定性的内容，例如，对不确定性的说明；可能结果的区间、相关假设以及在实际情况与假设不符时信息可能的变化；与所提供信息相关的置信区间或确定性范围；如果关于该事件的关键信息被认为无法确定，则应披露这一事实及原因；如果可能严重损害竞争优势，则应披露事项的一般性质，而不是披露具体细节。取决于事件性质，事件可能适合在综合报告中单独列报或在报告中与不同内容元素一同列报。注意避免披露的信息不具有针对性。仅在信息对于实现综合报告的主要目标切实有用时，才在综合报告中包含此信息。这要求针对机构的具体情况进行披露。相应地，与各内容元素相关的示例和考虑因素项目列表并不能作为披露工作的核对清单。

2. 定量指标的特征

定量指标（如，关键绩效指标）有助于提高可比性并且在对照目标进行表述和报告时特别有用。适合的定量指标具有以下共同特征：

- 与机构的具体情形相关；
- 与治理层所使用的内部指标一致；
- 关联（如，在财务和其他信息之间显示出关联性）；
- 着重于机构重要性确定流程中所识别出的事项；
- 与对未来两个或更多期间的相应目标、预测或预估一起列报；
- 列报过去 3 个或更多的期间，以便掌握趋势；
- 为问责的需要，对照之前所报告的目标、预测或预估进行列报；
- 与公认的行业或地区基准一致，以提供对比基础；
- 在连续时间段内持续、一致地进行报告，无论生成的趋势和对比结果有利与否；
- 与定性信息一起列报以提供背景，并使之更具意义。相关的定量信息包括对以下内容的说明：计量方法和基本假设、与目标、趋势或基准产生显著差异的原因以及期望差异再次发生/不发生的理由。

3. 关于资本的披露

关于资本或资本组成部分的披露。

● 根据其对机构持续价值创造能力所产生的影响确定，而非根据是否归机构所有。

● 应包括影响资本的可获得性、质量和价格可承受性的因素以及机构对利用这些资本产生流入以满足未来需求的能力的期望。当所涉及的资本供应有限或不可再生并且对机构商业模式的长期可行性存在影响时，这一点尤为重要。当量化资本的重要变化不切实可行或没有意义时，可使用定性方法来说明作为经营投入的资本在可获得性、质量或价格可承受性等方面的变化以及机构如何增加、减少或转化资本。但并非必须在所披露的全部事项中均量化或描述各资本之间的转化。

4. 复杂度、相互依赖关系和权衡

《综合报告框架》并不要求综合报告提供资本之间的全部复杂的相互依赖关系的详尽说明，以至于能够计算出机构对全球资本存量的净影响。尽管如此，重要的是，综合报告要对确定报告范围时考虑的依赖关系和影响持续价值创造的重要权衡进行披露，包括涉及下列方面的权衡：各类资本之间或某类资本的各组成部分之间（如，通过对环境产生不利影响的活动来创造就业机会）、不同的时间维度（如，在一种方案虽然能带来超丰厚的资本增值，但增值在较后的期间才能发生的情况下，选择另一种行动方案）以及归机构所有的资本与归其他方所有或无主的资本之间的权衡。

5. 短期、中期和长期的时间长度

在编制和列报综合报告时应考虑的未来时间长度通常将比其他一些报告形式要长。每个短期、中期和长期的具体时间长度都应由机构根据其业务和投资周期、机构战略以及主要利益相关者的合法需求和利益决定。相应地，在确定每个时期的时间长度时，并没有固定答案。

时间长度因下列因素而异：

● 行业或部门（如，汽车行业的战略目标通常涵盖两个产品型号周期，

跨越 8~10 年，而在科技行业，时间则明显更短）；

● 成果的性质（如，一些影响自然资本、社会与关系资本的问题可能需要较长时间）。

每个报告期的长度及该长度的设定理由，可能影响综合报告中所披露的信息的性质。例如，由于更长期事项更可能受到不确定性影响，有关此类事项的信息更有可能是定性信息，而关于较短期事项的信息则较适合采用定量方式，甚至用货币进行量化。但不必披露事项在每个期间内所产生的影响。

6. 汇总与分拆

各个机构可根据其具体情况，决定在哪个汇总级别（如，按国家/地区、子公司、分部或站点）列报信息。这需要在分拆（或汇总）信息所付出的努力与由此产生的额外效果之间进行权衡。

在某些情况下，信息汇总可能会导致信息所表达的意思的较大损失并且可能无法突出特定领域内的特优或特差绩效。不必要的分拆可能导致混乱并且对信息理解的容易程度造成负面影响。机构在将信息分拆（或汇总）到一个合适的水平时，应特别考虑高级管理层和治理层对该机构及其业务经营的管理方式。通常这样会使信息基于财务报告中使用的业务或地理分部列报。

你，知道吗？

《综合报告框架》

2013 年 12 月，《综合报告框架》的发布，是以市场为导向的企业信息披露演变历程中的标志性事件。在《框架》发布之前，国际综合报告委员会在全球范围内进行了为期 3 个月的意见征询，共收到来自全球超过 350 条的回复意见，绝大多数表达了对综合报告的支持。

《框架》的发布加速了全球范围内对综合报告的采纳。在《框架》发布之时，已有超过 25 个国家正在试行，其中 16 个是 G20 的成员国。

如何践行综合报告

综合信息披露的目的是说明影响企业长期价值创造的潜在因素，无论是作为使用者的利益相关各方，还是作为编制者的机构自身，都会从中受益无穷。然而，如何实现，却是一个挑战。

——《综合信息披露：我们走了有多远？》（MAZARS，2016）①

---

① MAZARS 发布的《综合信息披露：我们走了有多远？》（Integrated Reporting：how far have we come?，2016）。欲阅读全文，请浏览 http：//integratedreporting. org/wp-content/uploads/2016/01/Mazars_Insurers-reports – Benchmark – 2015 – 3. pdf。

第五章

综合报告，我们对它的了解有多少

综合报告，是企业信息披露领域将要发生和正在发生的重大改变。要使这种改变切实可行，需要国际层面更广范围内的接受和践行，并得到组织机构的大力支持。

——《满足使用者的信息需求：综合报告的使用和有用性》

(ACCA & IAAER, 2016)[①]

综合报告在全球正凝聚着向前进发的能量。然而，对于综合报告，我们到底了解了多少？近期，由马来西亚会计师协会（MIA）和马来西亚特许公认会计师公会（ACCA MALAYSIA）联合展开了一项研究，旨在调查企业报告价值链中的利益相关各方对综合报告的了解和认可程度；同时，了解企业是否已做好践行综合报告的准备。虽然该调查以马来西亚为背景，但调查结果颇具代表性，至少能从发展中国家，甚至从全球角度回答"综合报告，我们对它的了解有多少？"的问题。[②]

[①] 特许公认会计师公会（ACCA）、会计教育与研究国际学会（IAAER）和国际综合报告委员会（IIRC）联合发布的研究报告《满足使用者的信息需求：综合报告的使用和有用性》（Meeting users' information needs: The use and usefulness of Integrated Reporting, 2016）。欲阅读全文，请浏览 http://integratedreporting. org/wp-content/uploads/2016/08/pi-use-usefulness-ir – PDF. pdf。

[②] 马来西亚会计师协会（MIA）和大马特许公认会计师公会（ACCA MALAYSIA）联合发布的研究报告《综合报告调查》（MIA – ACCA Integrated Reporting Survey, 2016）。欲阅读全文，请浏览 http://integratedreporting. org/wp-content/uploads/2016/09/MIA – ACCA – IR – survey-report_2016. pdf. pdf。

一、研究中的受访者是谁

此研究的调查对象包括企业报告的编制者和使用者。研究以"综合报告所能实现的收益与现实挑战"为主题，以问卷方式展开，共取得有效回复330份，其中84.6%来自马来西亚会计师协会的会员，44.2%马来西亚特许公认会计师公会的会员。还有一些受访者拥有多机构的会员身份，如马来西亚注册会计师协会（MICPA）、澳大利亚注册会计师协会（ACPA）、英国特许管理会计师公会（CIMA）和英格兰及威尔士会计师协会（ICAEW），等等。其中，报告编制者和非编制者，大致各占一半，占比分别为54.8%和45.2%（见表5-1）。[①]

表5-1 受访者的构成

编制者	企业报告编制者Ⅰ类（审计委员会成员、独立董事、董事会成员）	44	13.3%
	企业报告编制者Ⅱ类（CEO）	9	2.7%
	企业报告编制者Ⅲ（财务部门人员，包括CFO、财务经理、会计）	125	37.9%
	企业报告编制者Ⅳ（如，企业对外交流、可持续发展部门人员）	3	0.9%
非编制者	审计师	78	23.6%
	咨询顾问	28	8.5%
	投资人（如，股东、分析师）	16	4.9%
	监管机构代表	6	1.8%
	其他（如，研究人员、会计专业教师）	21	6.4%
合计		330	100%

参与此次调查的企业报告编制者，来自不同行业，占比也各不相同：来自制造业的占18.2%，建筑和房地产业占15.5%，金融服务业占8.8%。同时，有68%来自上市公司，其中，18.5%来自市值超过10亿马币的企业，28.1%来自市值不到1亿马币的企业，还有21.5%受雇于有政府背景的企业（见图5-1）。

---

① 本章节中所有图表信息，除特别标注之外，均来源于马来西亚会计师协会（MIA）和马来西亚特许公认会计师公会（ACCA MALAYSIA）联合发布的研究报告《综合报告调查》（MIA - ACCA Integrated Reporting Survey, 2016），图表中的中文内容均经本书作者翻译与整理。

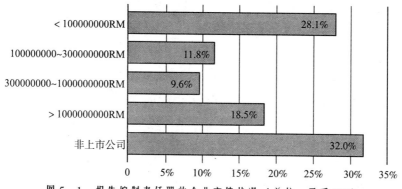

图 5-1　报告编制者任职的企业市值状况（单位：马币 RM）

二、综合报告，我们对它的了解有多少

自全球金融危机以来，各方都在积极寻求有助于长期价值创造的有效资本市场运营方式。综合报告以一种可能的解决方式脱颖而出：它推出了一个《框架》，鼓励企业以更加整合的方式披露信息，从而说明企业如何运用一系列的资本，在短期、中期和长期内创造价值。

（一）对综合报告的了解

总体来说，马来西亚的组织机构，对综合报告的了解程度非常低。受访者先被要求为自身对综合报告的了解程度赋值（1 代表"不了解"，5 代表"深度了解"）。从结果来看：近一半（51%）的受访者将自己归为了解程度最低的两类（在一项针对新加坡的类似调查中，此比例更是高达 66.7%），只有 13% 的受访者认为自己可以归为高于平均水平的两个类别。这可以说明，即便是来自各会计行业各组织机构的会员受访者，对综合报告的了解也低于平均水平（见图 5-2）。

具体来看，在马来西亚，54.1% 的企业报告编制者们认为自己对综合报告的了解少于审计师和财务报表的使用者们。从受访的非编制者来看，有 18.1% 的审计师和使用者认为自身对综合报告有较好或较为深入的了解。与此相比，这个比例在编制者中只占 8.8%。从另一个角度来看，上市公司的企业报告编写者，并未能表明对综合报告有更多的了解。

对综合报告的了解程度（%）　　　　　　愿意更多了解综合报告的比例（%）

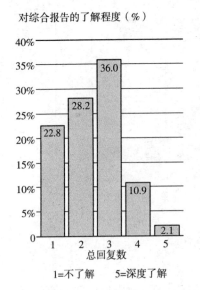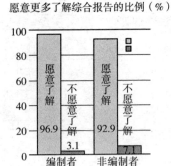

图 5-2　受访者对综合报告的了解程度

　　综合报告是一个相对年轻的全球性倡议项目，对此了解程度较低，情有可原。另一项相关调查结果显示，截至 2015 年 12 月 31 日，积极推行综合报告的马来西亚公司，不会超过 10 家。

　　尽管如此，仍然有值得乐观的方面：受访者无一例外地表达出希望能对综合报告了解更多的愿望，96.9% 的编制者和 92.9% 的非编制者都有相应的计划。一些受访者还特别声明，愿意接受有助于了解综合报告的相关培训、文献和研究成果。还有超过 1/4 对综合报告较为了解的编制者（赋值在 3~5）表示，其所任职的公司在考虑接受综合报告，有 60.2% 表示尚不确定，只有 12.1% 明确表示不会考虑。在这些企业中，尚没有一家在董事会层面讨论过综合报告议题。

　　总之，就"对综合报告的了解有多少？"这部分的调查结果来看，在未来，要想让更多地企业接受综合报告，还需要让综合报告得到更广泛的了解，尽早能够在董事会层面进行讨论。一旦董事会开始考量综合报告可能带来的好处，就是他们愿意考虑是否应当接受综合报告的开始。企业能否接受综合报告，董事会的支持最为关键，这已得到了多个成功案例的证实。只有董事会成员真正接受，才能够确保综合报告开始融入例行的管理实践中

（见表 5 - 2）。

表 5 - 2　　　　　　　　综合报告在董事会层面得到讨论的情况

是否在董事会层面讨论过？			是否考虑采纳综合报告		
国别	马来西亚	新加坡	国别	马来西亚	新加坡
是	31.3%	15.6%	是	53.8%	71.4%
			否	—	28.6%
			不确定	46.2%	—
否	68.7%	84.4%	是	15.8%	44.7%
			否	19.3%	55.3%
			不确定	64.9%	—

注：此部分调查对象是了解程度已达到≥3 的受访者［1 ＝不了解；5 ＝深度了解］。

尽管一些受访者承认，综合报告在改善公司治理方面可能会发挥一定的作用，但他们依然担心，在经济不景气的时候，综合报告会增加企业的负担。其实，综合报告并不必然要求企业披露更多的信息，而是为披露财务和整合性价值创造信息提供了一个报告框架。

（二）综合报告和可持续发展报告之间的差别

在财务报表的审计师和使用者中，即便是对综合报告有了些许了解的（了解程度≥3），也只有1/3（32.5%）左右的受访者自称为综合报告的拥趸。这进一步说明，对于综合报告能给企业带来的整合性思维、深入了解自身价值创造的影响，还需要更多的分享和交流。为了消除疑虑，还需反复重申，综合报告的初衷是为了提供有用的信息，提升企业报告的透明度。正如一位受访者所言，"如果发布综合报告还是为了遵从法规，那么，对综合报告的倡导将毫无意义。"

实务中，会遇到这样的困惑：什么是综合报告和可持续发展报告之间的差别？从此次调查结果来看（见图5 - 3），超过1/3（36.4%）的受访者坦承，他们不能区分两者间的差别；40.9%的受访者认为，可持续发展报告是综合报告的子报告。事实上，即便两者间有重合的部分，但相互不能完全替代。在马来西亚，只有12.4%的受访者正确理解了两者之间的差别，在新加坡，此比例略高，达到26.7%（见图5 - 3）。

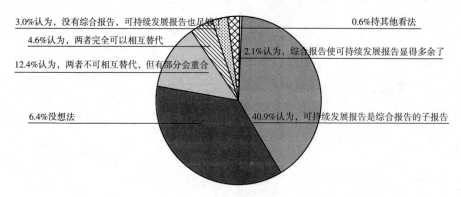

3.0%认为，没有综合报告，可持续发展报告也足够了
4.6%认为，两者完全可以相互替代
12.4%认为，两者不可相互替代，但有部分会重合
6.4%没想法
0.6%持其他看法
2.1%认为，综合报告使可持续发展报告显得多余了
40.9%认为，可持续发展报告是综合报告的子报告

图 5-3 综合报告和可持续发展报告

在企业报告演化过程中，可持续发展报告充当了早期为投资者和其他利益相关方提供重要补充信息的载体，一般会包含环境、社会和治理（ESG）等方面的内容。正如马来西亚交易所在 2015 年 10 月发布的"主板市场和创业板市场上市要求"中所言，"可持续发展报告要包含企业在经济、环境和社会方面的主要风险和机遇。"它的另一个特点是，通常为独立文件，不一定与企业的财务业绩相关联。

为了达到向财务资本提供方全面描述企业业绩的目标，国际综合报告委员会的《综合报告框架》提供了一个模型，将企业用于价值创造的所有资源和关系都在模型中呈现出来。其中，环境、社会和治理方面的内容，因为与企业价值创造能力相关，会作为 6 种资本的组成部分在模型中出现。

根据《框架》的定义，综合报告是对机构的战略、治理、绩效和前景在机构外部环境背景下，在短期、中期和长期如何创造价值进行沟通的简练文件。由此可以看出，可持续发展概念是包含在综合报告之中的。在企业报告对话项目（CRD）网站中，可以找到《框架》与其他企业信息披露项目（包括 GRI 指引下的可持续发展报告）之间进行比较的路线图，阐明了不同信息披露要求的范围与内容。①

---

① 企业报告对话项目（CRD）将全球主要企业报告准则（框架）制定机构聚合在一起，秉承一个共同目标，即促进企业报告框架、准则和相关要求间的连通性、一致性和可比性。欲了解更多信息，请浏览 http://corporatereportingdialogue.com/landscape-map/。

（三）综合报告可能带来的收益与成本

28.3%的受访报告编制者认为，现行的企业报告体系并未能使企业就如何为投资人和其他利益相关方创造价值进行充分的沟通。另外的32.2%对此表示不确定。非编制者表现出了对现行企业报告体系更加明显的担忧：68.2%的非编制者认为，他们不能从企业报告中获得足够与价值创造相关的信息；65.5%的投资人也认为，现行的企业信息披露是不充分的。

这些结果再次表明，各方迫切需要企业清楚地说明，企业是如何创造价值的？且未来前景如何？从价值创造角度来说，企业采纳综合报告，将有助于满足投资人和其他使用者的信息需求。

事实上，所有受访者都认为，综合报告可以改善目前的尴尬处境。51.4%的编制者和58.4%的非编制者相信，综合报告有助于提升企业自身的信息披露质量。其中，55.9%的受访者表示，其所任职的企业将有可能采纳综合报告。

然而，依然有相当多的受访者，对于综合报告能否带来积极影响还不确定（包括44.2%的编制者和34.9%的非编制者）。这个结果再次表明，加强相关的培训、传播和研究等一系列举措，使财务报表编制者、审计师以及读者对综合报告加深了解有多么迫切（见表5-3）。

表5-3　　　　　　　综合报告是否有助于提升信息披露质量

	企业报告编制者	非企业报告编制者
是	51.4%	58.4%
否	4.4%	6.7%
不确定	44.2%	34.9%

1. 可能的收益

针对认为综合报告会提升企业信息披露质量的受访者，让他们从一系列综合报告可能带来的好处中进行多项选择。结果表明，他们认为最有可能的收益有：

- 提高透明度和改善治理信息的披露（勾选率达85.6%）；
- 改善与外界利益相关方的交流和沟通（勾选率达82.8%）；
- 通过打破内部部门分割，促进整合性思维（勾选率达58.9%）。

对于"综合报告可能带来的收益"的问题，编制者和非编制者的看法非常相似，连排序都惊人得一致。对于新加坡的调查，也显示了同样的结果。这表明，对于采纳综合报告可能获得的收益，各方已达成共识。

在受访者中，85.6%希望提升透明度和治理信息质量，82.8%希望加强与外界利益相关方的沟通，58.9%希望能够促进整合性思维（见图5-4）。有待进一步研究的是，为什么受访者们对打破内部部门分割信心不足？即便如此，这些数据还是进一步说明了，即便是那些严格遵循了相关法规的企业报告，仍旧没有满足投资人的信息需求。投资人渴望从采纳综合报告中得到收益能够说明，现行的企业报告还有很大的提升空间。

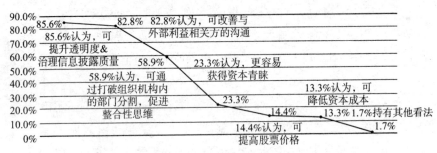

图5-4 采纳综合报告可能带来的收益

受访者们还提到了综合报告可能带来的其他收益，包括更容易获得资本青睐（23.3%）、提高股票价格（14.4%）和降低资本成本（13.3%）。然而，预测到这些收益的受访者比例还不大，这表明，企业报告编制者和使用者还不太完全认可综合报告可能带来的好处。例如，只有14.4%较为乐观的受访者认为，综合报告有可能提高股票价格。其实，这一点早已得到一项由新加坡普华永道和新加坡国立大学联合开展的实证研究结果所证实：践行了综合报告的公司，其股票价格的确会更高一些。该研究发现，如果一个投资组合，是由采纳了综合报告或发布了可持续发展报告的企业组成，那么，在相同风险程度上，这样的组合更可能在一定时间跨度内产生更高的投资回报。研究者最后总结道："本研究结果说明，资本市场更愿意为采纳了综合报告的企业给予更高回报。那么，企业应当重新思考的是，是否应该将企业战略、商业模式与利益相关者的期待整合起来？是否应该更多聚焦于那些会对自身长期价值创造能力产生重大影响的问题?"①

2. 可能的成本

除了可能获得的收益之外,受访者还预测了践行综合报告可能产生的成本与为之需要付出的努力。该研究以 50 分为起点,以此代表从现行企业报告体系中得到的收益、编制报告的成本以及所需付出的努力。若受访者认为,采纳综合报告能获得的收益为 10%,那么,分值就可升至 55 分。通过最终赋值结果来看:在受访者眼中,综合报告所带来的价值能增至 71.3 分;同时,所消耗的成本也升至 73.7 分,为之可能付出的努力也达到 76.1 分(见表 5 -4)。

表 5 -4   综 合 报 告 可 能 带 来 的 好 处 、成 本 及 努 力

	收益	成本	努力
总样本	71.3	73.7	76.1
企业报告编制者	70.3	73.7	76.1
非企业报告编制者	72.2	—	—

甚至那些看好综合报告的编制者们也认为,为践行综合报告所付出的努力和成本,有可能会超出可能带来的收益。这可能源于受访者对综合报告流程了解太过有限,同时,也反映出受访者对于能否将组织机构内不同部门整合起来的不自信,而这恰是践行综合报告的必要所在。

(四) 可能面对的挑战

对于"在您看来,践行综合报告可能遇到的三大挑战是什么?"的问题,最多的答案是编制综合报告的成本(达 47.0%)。这个结果呼应了之前的发现:哪怕在那些对综合报告的价值给予较高期待的受访者眼中,编制综合报告的成本还是让人觉得高不可攀。一些受访者明确质疑,综合报告所能带来的收益能否超出编制成本:践行综合报告是否可能进一步加大企业的运

---

① 新加坡普华永道和新加坡商学院联合发布的研究报告《迈向更好的企业信息披露——综合报告和价值创造》(Towards Better Business Reporting, 2015)。欲阅读全文,请浏览 http://www.kpmg.com/SG/en/IssuesAndInsights/ArticlesPublications/Documents/Towards - Better - Business - Reporting.pdf。

营成本？面对已冗长不堪的年报，没有多少投资人会从头看到尾了，那么，综合报告呢，是不是也会如此？其实，认为综合报告更为复杂的想法，是对综合报告的普遍误解。现在到了一个应该告诉所有的利益相关者（包括投资人），综合报告是什么样子的时候了。

在46.1%的受访者看来，仅次于编制成本的挑战，是缺少如何编制综合报告的指引。这种担忧，不止一次地出现在此次调查中。位于第三位的挑战是，40.9%的受访者认为，在自己任职的企业中，部门间缺乏必要的连通性和整合流程。还有39.1%的受访者认为，缺乏适合编制综合报告的信息系统也是一项重大的挑战。此外，还有相当比例的受访者（30.0%）担心，综合报告会泄露市场和/或价格敏感信息。一位受访者说，综合报告是向所有利益相关方提供更加均衡的信息，但为了防止披露太多的敏感信息，有必要对均衡进行限定。还有26.1%的受访者将缺乏来自董事会和高管层的支持视为挑战。董事会的投入和支持，对于采纳综合报告一定是举足轻重的。但也有受访者指出，如果自上而下地推行，但报告编制者却并不接受和认可，也会出现应付差事的风险。另有23.0%的受访者认为，还不能确定投资者是否对综合报告感兴趣，他们认为，投资人的唯一目标就是用资本盈利和取得股利，这也有可能成为践行综合报告过程中面临的挑战。然而，受访者似乎不大担心来自企业底层的阻力，只有15%认为这可能构成一种挑战（见图5-5）。

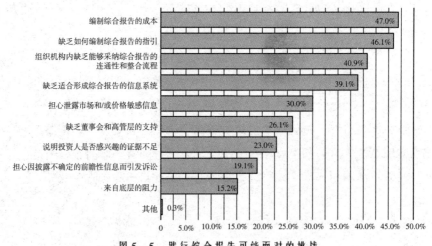

图5-5　践行综合报告可能面对的挑战

以上分析表明，这是一个企业信息披露价值链参与各方能够充分交流的机会，综合报告能够传达更为广泛、与价值创造更为相关的信息，最终会对企业价值创造能力形成潜在的积极影响。但是，仍有 1/5（19.1%）的受访者，将综合报告中前瞻性不确定信息可能导致诉讼视为障碍。应当澄清的是，《框架》是原则导向的，并没有限定信息披露的内容。组织机构需要自己判断哪些是重要信息，哪些应当包含在综合报告中，终极目标是使读者对企业价值创造前景有更深入的了解。

针对新加坡的调查结果显示，名列前茅的是成本挑战（高达 63.0%）和缺乏适合编制综合报告的信息系统（54.8%）。担心泄露市场和/或价格敏感信息也是新加坡受访者较大的担忧之一，达到了 41.5%，同样比例的受访者关注的是企业内部缺乏连通性和整合流程。

要解决以上受访者所担心的问题，是艰巨的任务，也不可能一蹴而就。然而，应该感到乐观的是，帮助企业报告编制者们采纳综合报告的相关资源以及咨询服务正日益增多。重要的是迈出第一步：在董事会层面和全公司范围内接受和认可综合报告理念。这需要对践行综合报告的成本收益进行讨论和分析。国际综合报告委员会已发布了一系列的研究结果，侧重于综合报告如何为不同的利益相关方创造价值。[①] 与此同时，该委员会还开发出很多的成功案例，综合报告先行组织机构们也十分乐于与感兴趣的机构分享自身宝贵的体会和经验。[②]

（五）综合报告的主要使用者

分别有 73.0% 和 69.7% 的受访者认为，当前和潜在的投资者，是综合报告的主要使用者，分析师（56.6%）和监管方（49.9%）也被将近一半的受访者锁定为主要使用者。然而，也有受访者指出了其他使用者，如，35.2% 认为是公众，27.5% 觉得是顾客，还有 24.8% 认为是供应商，甚至还有的认为是员工、管理团队成员以及竞争对手。

《框架》指出，"综合报告的主要目标是向财务资本提供者解释机构如

[①] 欲取得更多的调查报告资源，可登录 http：//integratedreporting. org/resource/creating-value-board/。

[②] 欲取得更多的优秀综合报告案例，可登录 http：//integratedreporting. org/resources/。

何持续创造价值。综合报告将使所有关注机构持续价值创造能力的利益相关者受益，这些利益相关者包括：员工、客户、供应商、业务伙伴、当地社区、立法机构、监管机构和政策制定者。"认为当前和潜在的投资者以及与他们息息相关的分析师是主要使用者，是完全正确的。Paul Druckman，国际综合报告委员会的前 CEO，在《创造价值：为投资者创造价值》中写道，"研究表明，投资者在做出投资决策时，考量的不仅是出现在传统年报中的信息，而是更广泛的资本信息。综合报告就是要填补这样的空白，从而帮助读者了解组织机构的商业模式、战略和业绩"（见图 5 - 6）。[①]

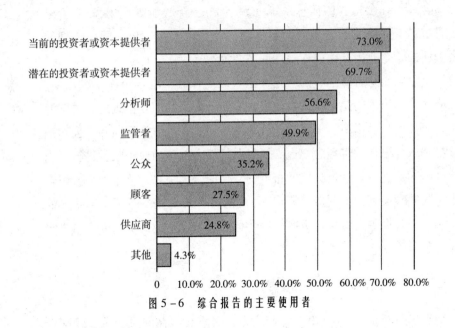

图 5 - 6　综合报告的主要使用者

　　Pru Bennett，全球最大的资产管理公司贝莱德（Blackrock）经理，在一次投资者集会上说，贝莱德的一项调查发现，"现行的信息披露是极不充分的。其中最主要的问题是，企业报告现已沦为'样本文件'式的信息披露，虽严格遵从了相关法规要求，但只侧重于有选择的、传统的几类资本，忽略了更多类型的资本，早已与社会议题、未来前景脱钩。投资者怎么可能受益

---

　　① Paul Druckman（国际综合报告委员会的前 CEO）的报告《创造价值——为投资者创造价值》（Creating Value：Value to investors）。欲阅读全文，请浏览 http：//integratedreporting. org/wp-content/uploads/2015/04/Creating-Value-Investors. pdf。

于阅读这样的报告？年报，应当开始关注价值创造了。"Bennett 还指出，企业采纳综合报告，向投资者传达的将是有说服力的积极信息。她说："发布综合报告，是以一种干净和简洁的信息披露方式，告诉利益相关者，他们正在投资的企业，正在通盘考虑他们的利益。"

（六）谁该为综合报告的编制负责

在受访者们心目中，编制综合报告的主要责任应由高管层承担，59.4%认为应是 CFO，有一半认为应是 CEO，还有 41.2%认为应是董事会。这些企业领导者被看作组织机构采纳综合报告的驱动力，由他们设置目标，并确保目标的实现。

受访者还认为，编制综合报告过程中的一系列参与者都应承担主要责任，包括机构内部的可持续发展部门工作人员（25.0%）、企业对外交流部门/公共关系部门的工作人员（20.1%）以及报告的审计者（14.9%）。审计者也要承担一部分责任？这个结果多少有些令人吃惊。毕竟，财务报表的编制责任是由管理层承担的。财务报表是这样，对于综合报告，应该也相同。而且，财务报表的编制者和使用者也清楚其中的责权分配：审计师提供鉴证，但并不参与财务报表的编制。

值得关注的是，2/3（66.4%）的受访者都认为，综合报告的管理人员，应当在报告中增加一份责任声明。这种观点在财务报表的审计师和使用者中更为普遍，达到了 75.8%，同时，58.6%的企业报告编制者也认为有必要发表这样的声明。几位受访者指出，这样一份声明，对于维护透明度极为重要，会使相关人员在综合报告编制过程中更加重视自身所承担的受托责任。读者认为，只有负责编制报告的团队，尽责地发挥了集体心智，才可能使报告真实可靠。一位受访者相信，"来自上层的声音决定了综合报告的成功与否。"但另一位受访者却担心，"责任声明会不会成为增加企业遵从成本的另一种翻版行为？"

（七）综合报告是否需要鉴证

几乎有一半（49.2%）的受访者认为，要使利益相关者能够信任综合报告披露的信息，综合报告需要得到鉴证（或审计），另外 40.9%的受访者对此表示不确定，只有 9.9% 的认为利益相关者不一定要求综合报告的审计。这个结果在企业报告编制者和审计师以及财务报表的使用者中相对一致，也与新加坡受访者的观点一致（在新加坡，50.4% 的受访者认为综合报告应当被审计，只有 12.6% 认为不需要）。

这引发了另一个问题：综合报告中的哪些信息需要审计？需要什么样的鉴证形式？达到什么程度？大多数受访者都认为，应该是"合理的"或"有限的"。没有受访者认为，不需要任何形式的鉴证或鉴证程度无关紧要。

大多数受访者相信，对于企业的业绩（63.3%）、治理（60.9%）和编制基础（57.7%）来说，有必要进行形式和程度方面的合理鉴证或恰当的鉴证。无论是企业报告编制者，还是非编制者，对此反应基本一致，尽管前者相比后者来说，认为更需要合理鉴证的分别是治理（66.5%：54.2%）、业绩（68.2%：57.3%）以及战略和资源分配（43.6%：35.4%）。这可以说明，对于以上方面的信息，使用者反倒比编制者更能接受较低程度的鉴证。另一个重要区别是，大约 1/5（21.3%）的非编制者认为，有关商业模式信息的鉴证程度并不十分重要，而持此种观点的编制者只有 9.2%。这似乎有些令人费解，因为了解商业模式，是了解企业未来和业绩的重要途径。

无论是要求合理的，还是有限的鉴证，调查结果的确强烈表达出受访者对综合报告大部分内容元素的鉴证需求。特别值得注意的是，即便是现行年报中要求披露的一些主题，目前也并不属于要求审计的范围。这表明，即便没有综合报告的出现，现行信息披露体系其实也是亟待拓宽鉴证范围的。

受访者还被问道，整体依据《框架》编制的综合报告，是否需要鉴证？绝大多数（82.2%）受访者认为，还是应当对报告进行整体鉴证。虽然在编制者和非编制者之间存在着微小差别，但两组受访者都认为，这会提升鉴证本身的价值。依据《框架》进行审计或鉴证，会加强披露信息的可比性，使投资者更加确定综合报告的内容是可靠的，从而对企业在短期、中期和长期的价值创造前景形成自己的看法。

调查提供了三种可能增强综合报告真实可靠性的方式，但没有任何一种受到绝大多数受访者的青睐：42.2% 的受访者认为，为确保综合报告的真实可靠性，需要某种联合鉴证方式，由管理层、内部审计师和外部审计师共同承担审计责任；30.6% 的受访者相信，综合报告最终需要的是独立鉴证（就像目前的财务报表审计）；约1/5（20.3%）的受访者认为，在今天科技使一切透明化的世界里，企业只能通过持续的沟通以及自身的行为赢得各方的信任。

很多受访者还主动表达了自己对此问题的看法。他们认为，综合报告的鉴证应当是完全独立的。最终发布的综合报告，应当是"由独立的、符合职业道德的，而且不受任何影响的一方签署鉴证的"。这说明，有必要聘用外部审计师。然而，另一位受访者对此表示怀疑：审计师是否可能深刻理解综合报告？是否具有审计综合报告中所有信息的能力？尽管他们并没有说原因，但这有可能是因为，与传统财务报告相比，综合报告涉及的范围更广，其中还包括新议题（如，环境的可持续性）以及不被熟知的非财务计量。另一位受访者则号召所有的社会成员，从董事会成员到员工，再到公众，都应当了解综合报告的重要性，鼓励他们监督企业发布的综合报告信息，以弥补政府监管的不足。

（八）综合报告的驱动和影响

大多数（65.6%）受访者认为，要使马来西亚企业采纳综合报告，恐怕要由某种形式的监管来驱动。然而，究竟应该采用哪种监管方式，却存在着较大的分歧。38.7%的受访者认为，应当采取"要么遵从，要么给予解释"的原则。26.9%认为，直接强制要求就好了。只有1/3（32.3%）的受访者认为，真正要将综合报告引入马来西亚，最好还是由市场来驱动（见图5-7）。

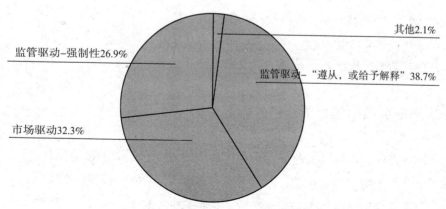

其他2.1%

监管驱动–强制性26.9%

监管驱动–"遵从，或给予解释"38.7%

市场驱动32.3%

图5-7　如何在马来西亚践行综合报告

对于应该如何向马来西亚的组织机构推介综合报告的问题，企业报告的编制者和非编制者的回答十分相似，大多赞同首先采取"要么遵从，要么给予解释"的方式，其次才是市场驱动，最后是强制要求。一些受访者认为，无论何种方式，都应当同样适用于中小企业。然而，可供中小企业用于践行综合报告的资源较少，中小企业极有可能被排除在强制发布综合报告的企业之外。

与此同时，超过一半（54.1%）的受访者相信，若马来西亚企业广泛采纳综合报告，会使马来西亚成为一个更适合企业经营的国度，只有11.5%的受访者不同意此观点，34.4%的受访者表示对此并不确定。企业报告的编制者和非编制者对此问题的看法十分相近。然而，对于新加坡的受访者来说，只有37%的受访者认为，践行综合报告能使新加坡成为一个企业投资更具吸引力的地方，51.9%表示很难确定。有趣的是，比起CFOs和财务部门人员（51.0%），CEOs（68.2%）和董事会成员（63.6%）更相信践行综合报告能为马来西亚带来积极影响。监管方对此也比较乐观，60.7%来自监管机构的受访者认为，践行综合报告将使其管辖区域更有吸引力，同时，59.0%的咨询顾问和57.4%的投资者也持有此种观点。

总体来说，64.8%对综合报告有起码了解的受访者看好马来西亚在推广综合报告方面的前景，而在对综合报告不甚了解的受访者中，只有43.7%持有此观点。这再次说明，只有对综合报告有了基本的了解，才可能凝聚推动综合报告向前发展的冲击力。很多受访者在回答此问题时指出，决定一个国家是否具有投资吸引力，是由很多因素决定的，包括政局是否稳定、经营环境是否宽松、企业可利用的资源是否充裕以及有没有一个被看好的经济前景。综合报告的推广程度，只是其中的因素之一。

三、迈向综合报告，需要什么样的支持

此次调查发现，虽然马来西亚的企业已表现出对综合报告的浓厚兴趣，但还需要更多的支持。当被问道，需要由政府机构和行业协会提供什么样的支持时，受访者提出需要技术和编制指导。这似乎并不奇怪，受访者已确定的主要挑战之一就是缺乏编制综合报告的指导。还有26.1%的受访者认为，

确定一个合理的践行综合报告时间表也十分重要，当然也有 15.8% 的受访者认为最重要的还是财务激励。对此种看法，一位独立董事表达了自己的看法，"如果董事会预见到践行综合报告所能带来的收益，企业自然就会开启综合报告之旅，无须任何财务激励；但预见不到任何价值，什么样的财务激励都将无能为力。"

（一）会计行业机构能给予的支持

受访者似乎十分认可来自于会计行业机构所能给予的支持，包括对利益相关者期待的研究以及针对综合报告的培训（见表 5 - 5）。一位受访者还呼吁，能否降低其他遵从负担，从而使企业能够节省出时间，专注于提供增值信息。

表 5 - 5　　　　　　　　受访者期望从会计行业机构获得的支持

1	开展综合报告的成本收益分析
2	就如何编制综合报告，召开培训讲座和专题讨论会
3	提供与综合报告有关的技术咨询和顾问服务
4	建立有效的沟通渠道，从国际综合报告委员会和其他机构得到及时相关的最新消息
5	展示国外综合报告的最佳实践
6	为综合报告践行者创立一个平台，用于实践交流以及所面临的挑战
7	提供对综合报告践行者的认可（如国家层面和/或国际层面的奖项）

开展综合报告的成本收益研究，是受访者认为会计行业机构最该做的事情（35.5%），以改善和促进马来西亚企业对综合报告的了解。除此之外，受访者认为，会计机构还可以有所作为的是就如何编制综合报告、召开培训讲座和专题研讨会、提供与综合报告有关的技术咨询和顾问服务、建立有效的沟通渠道、从国际综合报告委员会和其他机构那里得到更及时和相关的信息。

需要从政府机构或会计行业获得有力支持，反映了综合报告在马来西亚的发展仍处在初始阶段的事实。虽然像森那美集团这样的先行者已经开始行动，然而更多的马来西亚公司，依然还在纠结于综合报告可能带来的收益以及要取得这些收益所需要付出的成本。这也解释了，为什么那么大比例的受访者，依然将得到政府的技术和编制咨询、会计行业的研究看作最迫切需要得到的支持。受访者明确表示，他们需要更多令人信服的信息，以证明综合报告是一项有益的倡议。一旦被说服，他们需要的则是更多技术层面的支持。

受访者渴望得到更多关于综合报告基本原则的信息。"为什么它会使投资者和编制者受益？"的问题，再次出现在受访者们最偏好的综合报告会议主题中（见表5－6）。这再次说明，在马来西亚，践行综合报告还处在早期阶段，企业报告的编制者和财务报表的使用者迫切需要相关的培训和支持，以提升对这种创新性报告框架的深入了解。有趣的是，一些受访者更想听到践行综合报告过程中，最可能犯的错误和最可能遇到的挑战以及综合报告如何能够对企业的长短期业绩形成积极影响。

表5－6　　　　　　　　受访者们偏好的综合报告会议主题

1	推介综合报告理念（包括技术层面在内）
2	投资者如何使用综合报告？以及综合报告为什么会受到青睐？
3	向编制者说明综合报告可能带来的收益
4	可持续发展报告和综合报告之间的差异
5	分享践行综合报告的组织机构的"实战"故事
6	全球范围内的综合报告"运动"
7	与综合报告鉴证相关的对话

（二）其他必要的支持

大多数（62.1%）的受访者认为，如果能够有被国际社会所认可的综合报告培训项目就太好了。这再次表明，目前迫切需要综合报告领域相对权威的培训，使信息披露主体、审计师和投资者群体能够完全了解践行综合报告所能带来的潜在好处，如何有效践行，从而更好地使用其中的信息。

受访者的其他需求，还是要明确与综合报告相关的成本收益，这是一个被反复提及的问题。有关综合报告的高质量培训，应有助于受访者在自身任职的企业中做出成本收益的评估。只有董事会相信，一定会带来明确的收益，综合报告才可能被践行。同时，只有投资者相信综合报告包含的信息是有用信息，才可能要求企业披露综合信息。如一位受访者所言，综合报告好是好，但只有得到企业和投资者两方面的认可，才可能在全球范围内得到践行。此言，可谓一语中的。

国际综合报告委员会已开发出了综合报告能力矩阵，旨在明确企业接受综合报告并实现相关收益所需的知识、技能和行为。在此基础上，该委员会还将与培训合作各方一道，依照能力矩阵所要求的能力及程度，开发并提供相应的培训项目。[①]

四、有可供借鉴的成功案例吗

森那美（Sime Darby）集团是马来西亚第一家践行综合报告的公司（始于 2014 年）。森那美成立于 1910 年，集团总部位于马来西亚首都吉隆坡，是一家拥有近百年历史并享有国际声誉的跨国公司。作为马来西亚最大的公司之一，森那美集团全球员工超过十万人，核心业务主要包括种植、物业、汽车、工业设备、能源和公用事业等。集团的 CFO，Datuk Tong Poh Keow 先生，就森那美踏上综合报告之路三年以来的历程，慷慨地分享了已取得的宝贵经验。

森那美通过综合报告，对集团的商业模式和企业战略进行说明，向投资者和其他利益相关方讲述如何为各方创造价值的故事。最明显的收益是，因遵循了综合报告的连通性、重要性等指导原则，公司披露信息的一致性得到了提升。例如，集团有一个年度投资人关系管理项目，负责就企业战略和业绩与投资界进行沟通和交流。连通性原则确保了集团通过不同渠道对外披露的信息能够保持一致。

当然，截至目前，对于森那美来说，谈论采纳综合报告的实际收益还为时尚早。今年是集团发布综合报告的第三年，还有太多需要提升和改善的地方。然而，在企业内部已真切感受到综合报告所带来的无形收益，例如，编制年报的内部流程得到了改善，也打破了年报编制中的孤岛思维，报告不同部分之间也具有更好的联系性和连通性。

在践行综合报告中，不可能没有遇到挑战。首先，每个信息提供部门都希望自己的信息以特定的形式列报出来。采纳综合报告之后，这个流程就必须得到改善。在得到高管层对综合报告项目的支持后，项目经理需要做的就是尽力协调与各信息提供部门之间的关系。其次，对泄露敏感信息的担心。这一点可

---

① 有关各种培训项目的具体信息，请浏览：http//integratedreporting. org/resource/ir-training。

以通过筛选重要性议题来完成。最后，是需要在来自不同部门的团队成员间，即报告的编写小组中形成整合性思维。与他们分享集团的商业模式和战略，使团队的成员们始终保持在同一频道上。要确保年报中信息具有连通性和联系性，年报的每一部分都需要有一个指引之外，还需任命一名综合审核员。

综合报告项目要依赖于综合报告项目团队成员的大力支持。对于践行综合报告是否真的增加了编制成本这个问题，为了准备好需要增列的内容及材料，团队成员当然要为此付出更多的时间和精力。此外，还需额外花钱聘请外部咨询顾问，让他或她根据最佳实践提出专业建议，确定需要披露的内容以及确保报告各部分之间的连通性。

对于计划迈向接受综合报告之路的企业，Datuk Tong Poh Keow 先生指出，开始综合报告之路的驱动力，首先需要来自高管层或得到高管层的支持。其次，来自于董事会或审计委员会的支持，也至关重要。需要向他们说明，为什么要做出此种重大改变？一份更具交流意义的年报能为企业带来什么价值？最后，还需聘用一名外部的咨询顾问，他或她的协助，会加速内部团队对综合报告的了解以及做出改变所需要的流程。

综上所述，来自马来西亚的经验告诉我们：变革需要时间。综合报告既需要董事会的认可与投入，也需要投资者和其他利益相关方表达对变革的渴望。只有帮助企业报告的编制者和财务报表的使用者充分了解综合报告以及它可能带来的收益，市场力量才会驱动此种新型信息披露模式在马来西亚及全球范围内得到更广泛的接受和采纳。

你，知道吗？

马来西亚的竞争力

在瑞士洛桑国际管理发展学院（IMD）公布的"2016年世界竞争力报告"中，马来西亚在全球61个经济体中排名第19名（2015年为第14名），在人均国内生产总值少于2万美元的国家中，持续保持第一。

今年，位居全球前三名的依次为中国香港、瑞士和美国。中国从去年的第22名下滑至今年的第25名。

第六章

综合报告，先行者的故事（上）

——以南非为例

　　在综合报告领域，南非企业扮演的第一个吃螃蟹的角色，必然引起世界其他国家或地区的浓厚兴趣。

　　　　　　　　　　　——《2016 年安永优秀综合报告奖》（EY，2016）①

　　2013 年 12 月，国际综合报告委员会发布了《综合报告框架》。与此同时，南非综合报告委员会（IRC）为《框架》背书，将其视为编制综合报告最佳实践的指引。早在 2010 年，所有在约翰内斯堡股票交易所上市的公司，均被要求遵循第三版《南非公司治理金报告》发布综合报告。从那时起，以安永、Nkonki 为代表的会计行业机构就开始追踪南非上市公司的综合信息发布情况，并设立了表彰优秀报告的奖项。《2016 年安永优秀综合报告奖——对南非 100 强上市公司和国有企业 10 强的调查》、《Nkonki 透视约翰内斯堡 100 强上市公司——综合报告的趋势》② 等报告均已新鲜出炉。让我们以这些研究成果为向导，去看看在南非发生的先行者故事。

---

　　①　安永发布的研究报告《2016 年安永优秀综合报告奖——对南非 100 强上市公司和国有企业 10 强的调查》（EY's Excellence in Integrated Reporting Awards 2016：A survey of integrated reports from South Africa's top 100 JSE listed companies and top ten state-owned companies，2016）。欲阅读全文，请浏览 http：//integratedreporting. org/wp-content/uploads/2016/08/EYs – Excellence-in-Integrated – Reporting – 2016_final_Web. pdf。

　　②　Nkonki 发布的研究报告《综合信息披露/一个延续的征程——南非的公共部门企业》（Integrated Reporting｜A continued journey for Public Sector Entities in South Africa，2016）。欲阅读全文，请浏览 http：//www. nkonki. com/images/integrated-reporting/SOC/2016/160905 _SOC_Integrated_Reporting_Awards_Brochure_email_version. pdf。

一、2010~2015 年，在南非发生了什么

自 2010 年，所有在约翰内斯堡股票交易所上市的公司均被要求遵循第
三版《南非公司治理金报告》发布综合报告以来，至 2015 年，已是第五个
年头。图 6-1 展示了综合报告在南非的发展历程。

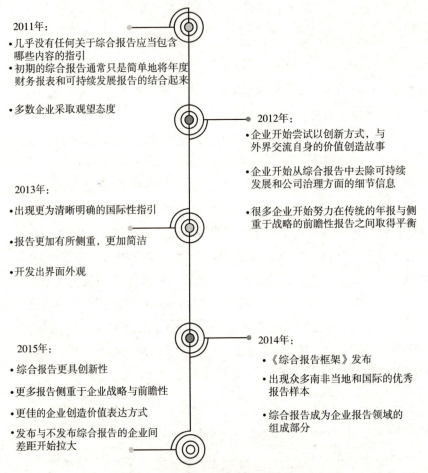

2011年：
- 几乎没有任何关于综合报告应当包含哪些内容的指引
- 初期的综合报告通常只是简单地将年度财务报表和可持续发展报告的结合起来
- 多数企业采取观望态度

2012年：
- 企业开始尝试以创新方式，与外界交流自身的价值创造故事
- 企业开始从综合报告中去除可持续发展和公司治理方面的细节信息
- 很多企业开始努力在传统的年报与侧重于战略的前瞻性报告之间取得平衡

2013年：
- 出现更为清晰明确的国际性指引
- 报告更加有所侧重，更加简洁
- 开发出界面外观

2015年：
- 综合报告更具创新性
- 更多报告侧重于企业战略与前瞻性
- 更佳的企业创造价值表达方式
- 发布与不发布综合报告的企业间差距开始拉大

2014年：
- 《综合报告框架》发布
- 出现众多南非当地和国际的优秀报告样本
- 综合报告成为企业报告领域的组成部分

图 6-1 综合报告在南非的发展历程（2010~2015 年）

资料来源：安永发布的《2016 年安永优秀综合报告奖——对南非 100 强上市公司和国有企业 10
强的调查》（2016），经本书作者翻译整理。

（一） 2010～2014 年

南非的第一份综合报告发布于 2011 年。那时，还没有相关的指引明确规定综合报告应包括哪些内容，只有一些零星发布的优秀报告实例作参考，对于综合报告到底应当披露什么信息还存在着相当大的不确定性。因此，初期的综合报告，往往是将可持续发展报告、年度财务报表以及管理层评议，这些未经整合的信息简单拼凑在一起。而且，多数公司采取的是观望态度。然而，即便如此，还是有一些企业做出了有益尝试，在充分理解综合报告理念的基础上，将商业模式、重要事项、企业战略、风险、利益相关者和非财务业绩等信息包含其中，只是在当时的报告中，不同元素之间并未能真正联系起来。

到 2012 年，更多企业开始采取多种创新的报告结构和方式，与读者分享精彩的价值创造故事：有些开始从报告中拿掉可持续发展和公司治理方面的细节信息，将其转移到线上；更多的则是竭尽全力，在传统年报与侧重于企业战略的前瞻性报告之间寻找平衡。

2013 年年底，国际综合报告委员会正式发布了《综合报告框架》。南非企业的综合报告也开始越来越简明，越来越侧重于对企业来说举足轻重的议题。一些企业开始用 6 类资本概念来解释自身如何创造价值。与过去的传统年报相比，不能忽视的变化是，南非企业为综合报告开发出了完全不同以往的界面外观。

随着时间流转到 2014 年，指导原则和内容要素日渐明晰，无论是在南非当地，还是在全球范围，依据《框架》起草的综合报告开始出现。很多优秀的综合报告样本，成为企业报告实践领域的重要组成部分。这时，在努力践行综合报告的和尚未开始尝试的两类企业之间，所披露的信息质量差距逐渐拉大。

（二） 2015 年的发展情况

要形容 2015 年的南非综合报告发展状况，"改善"与"创新"是两个恰当而关键的词语。一些企业为了更好地说明价值创造过程，改善了报告的布局与结构，在对自身商业模式的描述中也做出了诸多改善。一些优秀报告包含了投入、产出和成果等内容要素，清晰地勾画出了企业的经营范围。企业的官方网站也被充分地利用起来，列示了更多的细节性数据和遵从性信息，更详细地说明了治理结构是如何助力于价值创造的。在很多企业的综合报告中，各要素间的关联、不同内容间的连贯，都是通过导览工具、交互参照和带文字说明的信息图表达到的。甚至，还有企业开始使用叙事弹出框，来解释报表中的数字，从而说明财务业绩。

总体来说，对综合报告不够重视的企业，从这几年间的报告中也看不出任何改进。与此相对应，重视综合报告的企业，所披露的报告质量在逐年持续提升：遵循《框架》的指导原则，覆盖了应有的内容要素，不同部分间的联系也更加清晰明确。根据安永的评价标准，共有 61 份报告被评定为"优秀"和"良好"，略多于上一年的 58 份，充分说明了南非上市公司为了发布更高质量综合报告所做出的努力。其中，"优秀"报告 28 份，在 2014 年和 2013 年，却分别有 31 份和 35 份。与此同时，属于"一般"和"有进步"的综合报告份数从上一年的 42 份降为 39 份。安永对此种"退步"做出的解释是，随着综合报告的指导原则日渐明晰，企业经历了足够长的时间消化新规范，安永为此采取了较之以往更加严苛的评判标准，将之解读为综合报告质量的下降并不客观。

当然，也有令人失望之处。在推介综合报告五年之后，仍有很多企业未能完全理解综合报告的理念。虽然有的报告也被堂而皇之地标注为"综合报告"，但并未真正遵从《框架》要求，满篇充斥着看似正确的专业术语，但却缺乏实质内容。

此外，虽然被定性为"优秀"的报告，距离理想的综合报告样本已不算太远，但真正能称得上完美的，却还没有出现。因此，安永对 2015 年的南非综合报告推出了一种更高层级的奖项——"荣誉"奖，以认可那些最接近《框架》要求的综合报告（见图 6 - 2）。

对国有企业来说，属于"优秀"行列的，与往年相比，变化较大，有进有出，只有两家一直在坚守；还有一些国有企业，如南非发展银行，从去年的"良好"一跃上升至"优秀"等级，即便与上市公司的"优秀"报告相比也毫不逊色。然而，做得好与做得差的报告之间，又是天壤之别。仍旧有部分国有企业宣称发布的是"综合报告"，但并不是严格意义上遵循《框架》编制的综合报告。

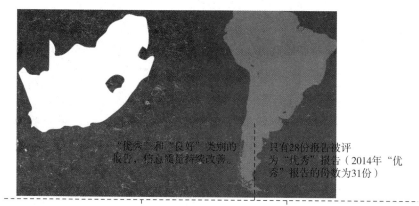

"优秀"和"良好"类别的报告，信息质量持续改善。

只有28份报告被评为"优秀"报告（2014年"优秀"报告的份数为31份）

被评定为"优秀"和"良好"的报告，与被评定为"一般"和"有进步"的报告之间，所披露的信息质量差距正在拉大。

与前三年相比，只有两家国有企业发布的报告被评定为"优秀"。

两家公司发布的报告被授予"荣誉"奖，所披露的信息最接近《综合报告》框架的要求。

与2014年的58份相比，2015年被评定为"优秀"和"良好"的报告份数增加至61份。

7家企业的报告，围绕着6种资本设计而成

图6-2 2015年综合报告在南非的发展概况

资料来源：安永发布的《2016年安永优秀综合报告奖——对南非100强上市公司和国有企业10强的调查》（2016），经本书作者翻译整理。

在2015年南非上市公司100强中，有19家并不是在约翰内斯堡股票交易所上市的，因此，它们本不在强制要求发布综合报告范围之内。然而，在伦敦股票交易所上市的13家公司，自2014年起根据伦敦交易所的要求，在年报中加入了一份战略报告。这份战略报告与综合报告有很多的相似之处，因此，这13家企业的年报，在安永的调查中也表现不俗：9份报告被评为"良好"或"优秀"，英美资源集团（Anglo American plc）的年报甚至名列前茅，取得第九名的好成绩。

二、安永眼中南非上市公司100强的表现

（一）目标使用者

《综合报告》框架明确指出，综合报告的主要目标使用者是财务资本提

供者，而第三版《南非公司治理金报告》却建议，综合报告应当将所有的利益相关方作为目标使用者。在这两种相互矛盾的建议之下，南非综合报告的编制者们也绞尽脑汁各尽所能，采纳的处理方式也五花八门。例如，有29 份报告明确指出，其报告目标使用者是"财务资本提供者'或'所有的利益相关者"；另一些则含糊其词，暗示针对所有利益相关者，还有的干脆避免明确指出。由此，考虑到被调查的年报中，只有81 份称得上综合报告，那么，应该只有略超过 1/3 的公司如《框架》要求的那样，将"财务资本提供者"确定为目标使用者。

有趣的是，只有占调查样本总数 29% 的报告，将自己的目标使用者定位为投资者，而其中的 43% 被定性为"优秀"报告。是不是可以这样理解，只有明确了目标使用者，才可能使报告更有侧重，才更可能成为一份优良的综合报告。

（二）报告长度

一份优秀的综合报告，最明显的特征是简洁。这说明，综合报告既要充分披露信息，又不能被不相关的信息所累。尽管报告是否简洁与报告的长度并不一定相关，但报告的长度通常还是能够说明报告是否足够简洁的。

在南非的综合报告中，报告长度存在着巨大的差别，从最短的 45 页（Clicks Group 公司），到最长的 548 页（FirstRand 公司）。然而，总体来看，长度在持续地缓慢下降，平均为 148 页。只有 13 份超过了 200 页（在 2014 年这样的报告有 15 份，在 2012 年有 26 份），还有 7 份少于 80 页（在 2014 年有 4 份）。

综合报告的长度主要区别在，页数较少的报告往往只包含汇总后的财务信息，将有关公司治理、薪酬和其他遵从性信息，公布在企业官方网站等其他信息载体上。30 家公司的财务报表少于 10 页，其中有 10 家公司甚至没有在综合报告中披露财报。具体来看，有 19 家企业将其报告命名为"年度报告"，还有 31 家企业将全套年度财务报表包含其中，称之为"综合报告"；其他 50 份报告中，有依据《国际会计准则第 34 号——中期财务报告》编制的财报，还有一些其他格式的财报；还有 10 家公司，只是在综合报告中列示出了关键财务信息、财务回顾或对财务资本的评述，没有列出资产负债表、利润表和现金流量表等三大表。

从形式上来看，大多数公司仍旧将其财报放在报告的最后，但有 12 家将这一部分内容放在财务经理报告之中或之后。这种做法，是将依据《国际财务会计准则》披露的财务数字，与针对数字的文字说明更好地连通起来了。

（三）报告的签署

100 家企业中，有 64 家企业的报告包含了企业负责人的声明，多数由董事会签署，还有的是由经理人们共同签署的（见图 6-3）。这种背书的方式，并不一定说明企业采纳了整合性思维，但它确实留给使用者一种印象：这不仅仅是一种公共关系管理行为，而是经理人完全熟悉报告的内容，同时，报告真实反映了经理人的观点。

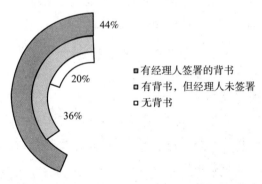

44%
20%
36%

■ 有经理人签署的背书
■ 有背书，但经理人未签署
□ 无背书

图 6-3　南非上市公司 100 强年度报告签署状况

资料来源：安永发布的《2016 年安永优秀综合报告奖——对南非 100 强上市公司和国有企业 10 强的调查》（2016），经本书作者翻译整理。

（四）指导原则与内容要素

1. 整合性思维

在南非企业发布的综合报告中，很少能看到对整合性思维的讨论。一些企业虽然提到了企业内部对整合性思维的运用，但几乎没有证据能够说明这一点。然而，能够编制出一份"优秀"的综合报告、并解释了价值创造，还将企业战略、风险、治理和业绩联系起来的企业，内部不可能没有一点点的整合性思维。当然，这也并不意味着，发布了"一般"或"有进步"报告的企业，就一定不具备整合性思维，有可能只是没能从报告中找到根据罢了。

2. 产出和成果

令人失望的是，只有 19 份报告涉及了与企业创造价值活动相关的实际产出和成果，很多企业还未搞清楚，到底该如何区分计量产出、成果以及其他业绩？

3. 6 类资本

综合报告的关键要素说明的是资本如何创造了价值。值得欣慰的是，42 家公司在报告中特别说明了参与创造价值的资本，其中 7 家还围绕着 6 种资本设计了综合报告的结构。尽管企业增加了对资本的说明，但说明各种资本之间如何取舍以及这些取舍如何影响了企业战略的信息却很少见。

4. 利益相关者的需求和关注点

2015 年，有 35 家企业确定了利益相关各方不同的需求和担忧，并阐明了该如何满足这些需求与担忧。很多情况下，这些信息反映在利益相关者管理部分，还有一些是与企业重要事项或战略联系在一起。

（五）可改善的空间

依据安永连续五年的调查结果，南非企业在综合报告的未来发展中还有十分广阔的改善空间。说到底，综合报告质量提升所面临的真正挑战是改善"故事情节"。使报告更具可读性，还需注意以下四个方面。

1. 创造价值，不仅为投资者

综合报告的侧重点在于，一定时间跨度内，机构如何为自身、为其他各方创造价值。价值由两个相互关联的部分构成——组织机构以财务回报的方式为财务资本提供者创造的价值以及为其他利益相关方和整个社会创造的价值。因此，在编制报告的起初就需要清晰定义价值是什么，因为，这将成为贯穿于整份报告的主线。同时，综合报告里所有的独立要素，如商业模式、战略、风险、治理、业绩，等等，围绕着这根主线，构成了独特的价值创造故事。

2. 内容要素，按逻辑顺序列示

综合报告讲述的价值创造故事，需要有一条连续的、合乎逻辑的故事主线。围绕着这根主线的不同要素，要按照一定的顺序来排列，且要素之间还需有逻辑关系。要讲好故事可以不必拘泥某种模式，但"万事开头难"，每个故事的开头尤其重要。最常见的开头是，简要地介绍企业的经营范围、边界和其他的基本信息，接下来是对企业的使命、愿景、外部环境和商业模式等方面的说明，随后可以辨别出利益相关各方的合理需求和关注点以及如何经过过滤与筛选形成了重要事项和总体战略。有关战略的详细信息，可在后文中与阻碍战略目标完成的风险一起加以说明。报告还需随后提供一些资本、利益相关者、重要事项或部门等方面的细节说明，这是讲好价值创造故事所必需的细节。

3. 用"如何做"来说明战略

企业战略决定了在报告中应该选择和排列哪些内容，回答各种"如何做"（how）的问题：如何在特定的商业模式中配置资本，用以创造价值？如何在不同资本之间进行取舍？如何牢牢抓住稍纵即逝的机遇？如何管理风险？等等。企业战略绝对不仅仅是董事会的任务、抱负、目标、理想或愿景。它应该具体得多，需要对一系列的行为做出解释和说明。具体的企业战略，应该能够说明，要取得企业的战略目标应该具体采取什么样的行动。

4. 价值创造故事，需忠实表达

综合报告讲述的是价值创造故事，但需要忠实表达。它绝不是一份用意明显的对外宣传品，相反，它应聚焦于企业所面临的内外部挑战、风险以及其他诸多问题。很多企业只愿披露利好消息，但报喜不报忧的做法，讲述的绝对不可能是一个完整故事，报告本身及经理人的可信度更不可能因此而得到提升。

三、Nkonki 眼中南非上市公司 100 强的表现

作为注册独立审计监管委员会（IRBA）的注册审计机构，Nkonki 是被约翰内斯堡股票交易所认可的上市公司审计师事务所。自 2010 年起，Nkonki 开始在 100 强约翰内斯堡股票交易所上市公司和南非国有企业中评选和颁发"年度综合报告奖"，并发布研究报告，通过南非经验反映综合报告的践行状况，提供优秀案例以及践行综合报告的企业所面对的机遇与挑战。2015 年度针对南非 100 强上市公司所发布的报告调查与分析如下文。

（一）《框架》指标的披露状况

此次调查发现，南非上市公司在某些《框架》评价指标，如"战略重点"、"一致性和可比性"上取得了高分（将近 80 分），而另一些评价指标，如"基本概念"和"令人叫好的地方"却表现不理想（低于 50 分），指标之间的差别显著。表 6－1 汇总了受调查的 100 强南非上市公司在单个框架指标的得分和表现。

表 6－1　　　　南非上市公司 100 强评价指标得分汇总表

评价指标	公司数（＞D级）	平均得分	列示方式	备注
战略重点	91	78.4%	运用表格、资讯图表，更清晰、更易理解	格外重视包含董事会主席及 CEO 的声明
连通性	89	71%	结构和内容有逻辑性，并有相互参照的图表，更易理解，可读性强	内容要素间相互连通，细节信息移至官网，资本间的联系应加强
利益相关者关系	82	69%	运用表格，相互参照，并联系到其他内容要素	辨别主要利益相关方，说明如何处理关系，49% 的公司获得 A 级
重要性	85	71%	坦诚，并联系到其他内容要素，包括财务和非财务两方面	15% 的公司未披露重要议题或确定过程，58% 获高分
简练	58	54%	38% 的公司运用图表和表格，但一些仍将年度财报包括其中	最长的报告达 516 页，42% 得分低于 D 级，改善空间仍大

评价指标	公司数（＞D级）	平均得分	列示方式	备注
真实可靠和完整性	84	74.9%	用精确定义的附注明确说明防御线设计及成熟的治理结构	有公司采取综合鉴证；第三版《南非公司治理金报告》和财务报告规定成为真实可靠性的保障
一致性和可比性	97	84%	财务信息、业绩指标、治理信息之间有很强的连通性	81%获A级高分，归功于国际财务报告准则和第三版《南非公司治理金报告》
基本概念	43	45%	仍旧停留在对财务资本膜拜中，对商业模式未给予足够重视	57%公司低于D级，需要提升关于非财务资本的信息披露
内容要素	91	72%	47%的公司能很好地连通内容要素，使价值创造故事独特而可读	同一行业的公司会出现雷同故事，特别是金融服务业和原材料行业
令人叫好的元素	92	14%	需要更多的创新和独特性	最需关注的，但只有成熟后才可能做到

资料来源：Nkonki 发布的研究报告《Nkonki 透视约翰内斯堡 100 强上市公司》（2016），经本书作者翻译整理。

图 6 - 4 说明的是表 6 - 1 及下文中单个评价指标得分与等级间的对应关系。

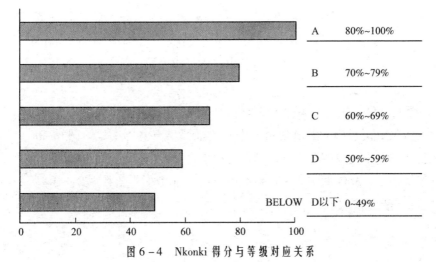

图 6 - 4 Nkonki 得分与等级对应关系

资料来源：Nkonki 发布的研究报告《Nkonki 透视约翰内斯堡 100 强上市公司》（2016），经本书作者翻译整理。

参与 Nkonki 调查的南非上市公司 100 强在单个框架指标的平均得分和表现，详见图 6 - 5。其中，"简练"正好在分界处，得 54 分。

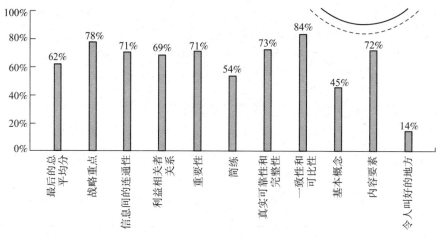

图 6 - 5　南非上市公司 100 强评价指标平均得分

资料来源：Nkonki 发布的研究报告《Nkonki 透视约翰内斯堡 100 强上市公司》(2016)，经本书作者翻译整理。

（二）信息的真实可靠性

《框架》指出，"信息的可靠性受信息是否平衡（无偏颇）以及有无重大差错所影响。"提高可靠性（通常称为"忠实表达"），可通过强有力的内部控制和报告体系、利益相关者的参与、内部审计以及独立的外部鉴证等机制完成。

100 强企业对自身报告的不同内容采取了不同的鉴证手段。相关的解释是，鉴证政策是由董事会、上市公司要求和鉴证提供方共同决定。图 6 - 6 展示的是南非 100 强企业的非财务信息鉴证提供者情况。

值得担忧的是，36% 的南非 100 强上市公司，对其在年报中披露的非财务信息未经任何形式的鉴证。

（三）报告的名称

"综合报告"，是指每年只发布一次，且整合了所有相关信息的一份报告。目前，最常见的名称是"年度综合报告"。这个名称暗示着在这个综合

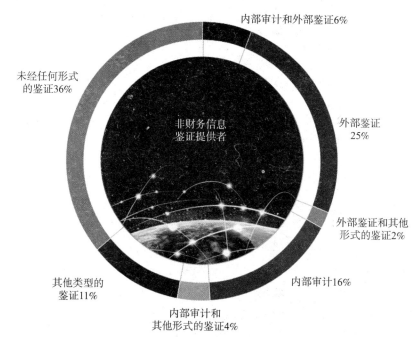

内部审计和外部鉴证6%

未经任何形式
的鉴证36%

非财务信息
鉴证提供者

外部鉴证
25%

外部鉴证和其他
形式的鉴证2%

其他类型的
鉴证11%

内部审计16%

内部审计和
其他形式的鉴证4%

图6-6　南非上市公司100强非财务信息鉴证情况

资料来源：Nkonki 发布的研究报告《Nkonki 透视约翰内斯堡 100 强上市公司》(2016)，经本书作者翻译整理。

报告之外，会有其他的综合报告，或其他的年报（这是事实，还有可持续发展报告、年度财务报告，等等），或半年或季度综合报告。不过，自2013年起，这种现象已开始减少（见图6-7）。

仍在发布"年度报告"的公司，占样本总数的9%（在2013年，此比例为8%），而在英国或瑞士注册的公司，均还在使用"年度报告和报表"这样的名称（共有4家）。

（四）行业分析

从行业分析来看，领先的有三个行业：电信通讯、基础材料和工业品。尽管已被基础材料和工业品行业赶超，但医疗业一直是做得比较好的行业，而科技业要低于平均得分50%（见图6-8和表6-2）。

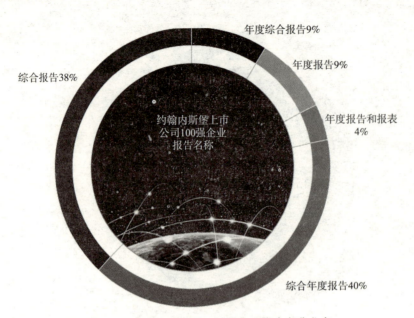

图 6-7　南非上市公司 100 强企业报告名称分布

资料来源：Nkonki 发布的研究报告《Nkonki 透视约翰内斯堡 100 强上市公司》（2016），经本书作者翻译整理。

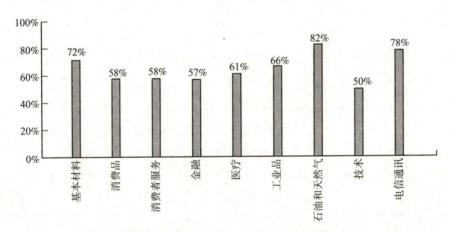

图 6-8　南非上市公司 100 强年度报告行业得分

资料来源：Nkonki 发布的研究报告《Nkonki 透视约翰内斯堡 100 强上市公司》（2016），经本书作者翻译整理。①

---

　　①　图 6-7 和表 6-2 以及此部分的行业分析，均将石油和天然气行业剔除在外。其原因是，该行业只有一家上市公司进入了 100 强，不具代表性。

表6-2　　　　　南非上市100强公司各行业框架指标表现汇总表

框架指标	领先行业	落后行业
战略重点	电信通讯业	科技业
信息的连通性	电信通讯业	消费者服务业
利益相关者关系	电信通讯业	金融业
重要性	基础材料业	科技业
简练	电信通讯业	科技业
真实可靠和完整性	电信通讯业	科技业
一致性和可比性	电信通讯业	消费者服务业
基本概念	基础材料业	科技业
内容要素	电信通讯业	科技业
令人叫好的元素	基础材料、金融和工业品	科技业

资料来源：Nkonki 于 2016 年发布的研究报告《Nkonki 透视约翰内斯堡 100 强上市公司》，经本书作者翻译整理。

在综合报告领域，电信通信业无疑是最强的行业，同时，科技业几乎在每个指标之下都是垫底的。因为每个行业至多有 3 家企业能够进入 100 强，因此，这个结果可能被扭曲了。值得注意的是，目前落后的科技业，在前几个年度里可一直是领先行业之一。

（五）定性分析

从得分情况可以明显看出，有两个方面需要得到格外关注："令人叫好的元素"和"基本概念"。前者是要体现出创新和与众不同之处，只能是在企业已对综合报告流程十分娴熟、负责治理的人员也对流程十分熟悉的情况下，才可能形成新的令人激动的想法。

提到"基本概念"，包括商业模式中的投入和输出资本以及价值创造的过程，都是相对新的概念，是直到 2013 年 12 月《框架》的正式发布后才开始出现的。但其他多数指标都已存在了一段时间了，大多数企业应当已比较熟悉。因此，本概念的得分低于 50%，还是令人有些意外。Nkonki 强烈建议有兴趣的各方，能够读一读在"基本概念"方面做得比较好的南非公司综合报告。单就"基本概念"（商业模式、资本和价值创造）来说，看看名列前 5 的企业是如何做到的。然而，必须指出的是，想真正践行综合报告的上市公司必须拿出时间，全面地理解这些内容要素，这不仅需要时间和思考，更需要董事会和高管层的承诺与投入。

四、南非综合报告发展的新趋势

南非众多上市公司自 2010 年开始披露综合报告，其推动力是第二版《南非公司治理金报告》，号召企业披露经过整合的信息。第三版《南非公司治理金报告》，基于"要么遵从，要么给予解释"原则，包含在约翰内斯堡股票交易所对上市公司的要求中。现在，即六年之后，综合报告在南非已很常见：最大的国有企业编制综合报告，行业机构编制综合报告，非政府组织也在编制综合报告，各方已达成"综合报告是更好的信息披露方式"的共识。如今，被日益接受的共识还有，综合报告是一种好用的管理工具，有助于在企业内部形成整合性思维。一些上市公司的 CEO 自豪地说，整合性思维是其经营企业的方式。可见，整合性思维已深刻地嵌入到企业之中。

然而，并非所有的南非公司都接受了这些共识。一些上市公司（大多为列于 40 强之后的公司），还想听听来自投资人的意见，更想观望一阵儿：整合性思维指导下的综合报告到底带来了怎样的收益。

（一）《金报告Ⅵ》的发布

对于南非的综合报告发展来说，即将到来的巨大推动力来自第四版《南非公司治理金报告》（简称为《金报告Ⅵ》），其最终定稿将于 2016 年的下半年推出。在进行内容开发过程中，《金报告Ⅵ》广泛征询意见，在此过程中也遇到了如整合性思维、综合信息披露、审计委员会的作用、战略和综合鉴证等常见议题。重要性，将是《金报告Ⅵ》的亮点所在。

《金报告Ⅵ》的其他特色，将主要体现在以下六方面。

• 适用于大多数类型的信息披露主体，包括公共部门机构、非营利组织和中小企业。特别值得关注的是，养老基金和医疗保险公司。

• 更倾向于原则导向，而非遵从。

• 更加聚焦于价值创造和可持续发展。价值创造包括符合伦理道德的行为，健康的利益相关者关系以及对 6 类资本的有效分配。董事会还要对价值创造进行定义。

- 进一步研究和探讨现行的联合鉴证框架，这有可能最终促成综合鉴证框架（以及相关政策）的形成。这包括为非财务信息的鉴证设立准则指引以及更好的重要性确定指引。此外，重要信息也将被定义和确定。

- 促进更多与利益相关方面对面的互动，包括提升股东的能动性，利益相关者应当被明确告知企业的战略。

- 驱动以风险为基础的整合性思维以及相关政策的形成和执行。

（二）综合报告的鉴证

负责公司治理的经理人们，对综合报告的真实性负有责任。《框架》建议，应当有一份受托责任的声明包含在报告中。这份投资人所期待的责任，有望能推动综合报告鉴证向前发展。国际社会各方对此议题的一些观点也正在浮出水面，例如：

- 组织机构要运用相关机制改善可信度和信任危机等问题，为年报提供鉴证似乎是唯一的选择；

- 编制综合报告所需的内部系统，远不像财务信息披露系统那么成熟，甚至缺位，往往为临时安排的；

- 综合报告是新生事物，对综合报告的鉴证还处在逐步演化过程中，但需要与综合报告实践协同发展；

- 正在进行的意见征询，有助于确保鉴证焦点保持在市场为导向和资金价值最大化上；

- 革新和实验是必需的，但不应过早地舍弃掉现行的鉴证原则和方法；

- 鉴证的总成本收益短时间内很难计量，但可以确定的是，随着时间的流逝，鉴证的价值将会逐渐显现；

- 鉴证实践者需要全面了解，如何通过动用所有的资本，为机构和其他各方创造价值，这需要认可"系统性思维"（即，整合性思维）；

- 鉴证准则制定者还需要考虑到可能遇到的一系列技术性挑战。

当南非企业在热切期待该领域的国际指引或准则出台时，应当也研究一下《金报告Ⅵ》中有关鉴证的说明部分。综合鉴证，可能意味着由内部审计师和外部鉴证提供方共同努力下的混合结果。

（三）整合性思维

在 2015 年 3 月，南非特许会计师协会（SAICA）发布了《整合性思维：一项探索性调查》。[①] 这项调查收集和分析了来自南非最大的上市公司和国有企业的 CEO 或独立董事，关于综合报告所带来收益的观点。这些收益包括因信息质量的提升而改善董事会和管理层的决策以及改善了的治理流程和风险管理。

由于越来越多的投资人开始施加压力，要求企业自证整合性思维，南非企业也开始竭尽全力在综合报告中展示出足够多的证据。虽然很多顶尖的南非上市公司早已在其综合报告中提及了整合性思维，但预计他们将在未来的报告中会披露更多的整合性思维信息，特别是在治理要素中。

值得关注的是，南非特许会计师协会的调查更多强调了那些采纳整合性思维企业所历经的挑战，包括如何克服员工的孤岛思维、如何打破各部门的"势力范围"、如何提升非财务信息的真实可靠性以及如何纠正最初设定的不合理关键业绩指标和薪酬计划。

（四）价值创造和成果

加强对成果的披露，是南非综合报告委员会认为南非企业的综合报告需要提高和改善的方面。对一些大公司的综合报告进行审核后的结果表明，一些企业将成果与利益相关者价值混为一谈（这也是将成果从其他资本中区分开来的意义所在）。

不过，已有一些先行的南非企业开始付出时间和资源，披露更多与价值创造和成果相关的信息，相信会有越来越多的后来者会追随他们的步伐。

五、南非先行经验带来的指导意义

在综合报告领域，南非拥有独特的地位：南非上市公司自 2010 年起就

---

① 根据南非特许会计师协会（SAICA）在 2015 年发布的研究报告《整合性思维：一项探索性调查》（Integrated Thinking：An exploratory survey，2015）整理。欲阅读全文，请浏览 http：//www.integratedreportingsa.org。

被要求遵循《金报告Ⅲ》的原则编制综合报告。追踪南非企业践行综合报告实践达6年之久的 Nkonki，基于来自南非的宝贵经验，开发出了判断综合报告成熟度的发展进度表和高水准路线图。让我们一起来看看，由南非经验带来的指导意义是什么？

（一）综合报告成熟度进度表

基于南非经验，Nkonki 在德雷福斯的"技能获取模型"（Dreyfus Model）基础上，① 开发出了由五个阶段组成的综合报告成熟度进度表（见图6-9）。在迈向综合报告的漫漫征途中，它将有助于审计委员会、编制部门和人员，以及其他利益相关方确定自身所处的"方位"，并保持前行方向的正确。

图6-9 Nkonki 的综合报告成熟度进度表

资料来源：Nkonki 发布的研究报告《综合信息披露/一个延续的征程——南非的公共部门企业》（2016），经本书作者翻译整理。②

———————————

① 德雷福斯的"技能获取模型"（Dreyfus Model）假定世界上有5种层次的人：第一层次的初学者；第二层次的高级初学者；第三层次的胜任者；第四层次的精通者；第五层次的专家。

② 根据 Nkonki 发布的研究报告《综合信息披露/一个延续的征程——南非的公共部门企业》（Integrated Reporting｜A continued journey for Public Sector Entities in South Africa, 2016）整理。欲阅读全文，请浏览 http://www.nkonki.com/images/integrated-reporting/SOC/2016/160905_SOC_Integrated_Reporting_Awards_Brochure_email_version.pdf。

1. 新手公司

董事会宣告综合报告征程正式开启，开始编制首份综合报告。董事会和高层管理人员需要接受必要的培训，涉及综合报告、整合性思维和《框架》以及其他相关法规等内容。以《框架》为指引，董事会要明确商业模式、组织机构以及要使用到或影响到的资本以及关键利益相关方。同时，在考量了自身要使用或影响到的资本、风险和机遇之后，董事会还要设定短期、中期和长期的战略目标、关键业绩指标和其他目标。高管层需要建立起非财务关键业绩指标内部信息披露系统、利益相关方管理系统和组织机构的反应系统。最后形成的综合报告所披露的信息，至少能够告诉读者，组织机构的商业模式、战略目标、关键利益相关方、风险和机遇。

2. 进阶的初学者

董事会需要了解整合性思维，并将主动在决策中考虑使用或影响到的资本。同时，薪酬政策反映了对取得短、中及长期战略目标的激励。负责综合报告的高层管理人员，召集一个由来自各部门人员组成的指导委员会，开发和监督综合报告项目。报告中的重要事项以及确定流程，都需经董事会批准认可。内部信息披露系统形成可靠的非财务业绩信息。同时，还要对那些关系到能否达成战略目标的关键业绩指标，进行内外部鉴证。

3. 合格的角色扮演者

在董事会和高管层面，整合性思维已完全融入决策之中。综合报告包含的信息相互连通，而且，治理要素也调整为能够反映机构价值创造过程的信息。对（资本所形成的）成果有了更深刻的理解，用定量加定性信息的形式来反映。同时，相比以前，对重要事项有了更深入的了解，但报告却越发简洁，细节信息被发布于官网之上或其他补充报告之中。

4. 行家里手

董事会要有一个长期有效的议事日程，用于改善机构与关键利益相关方的关系质量以及相关的重要事项。整个机构的薪酬激励与短、中以及长期的战略目标关键业绩指标密切关联。这样，到了年终，作为内部综合信息披露的无缝延伸以及融入全机构的整合性思维，将使综合报告的编制变得容易和快速。关键利益相关者完全明白，综合报告包含着战略性的、重要的和前瞻性的信息，更详细的信息可以在官网上找到。内部审计确保综合报告中的内容要素，其中的关键要素还要经过外部审计。

5. 专家级企业

整合性思维已完全融入董事会、高管和员工各个层面。高管们明白，整合性思维是运营机构的方式。组织机构的上上下下都知晓战略目标以及使用的或被影响的资本的重要性。整份综合报告得到外部审计，受到关键利益相关者的期待，机构也因突出的信息披露实践而被公认为优秀的企业公民。

（二）高水准路线图

高水准路线图如图6-10所示。

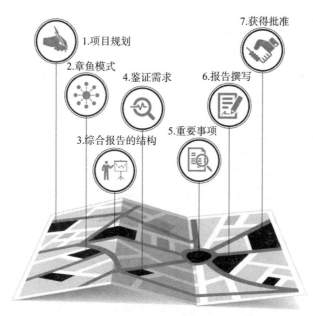

图6-10　Nkonki 的综合报告高水准路线

资料来源：Nkonki 于2016年发布的研究报告《Nkonki 透视约翰内斯堡100强上市公司》，经本书作者翻译整理。

1. 项目规划

先要制定一个编制综合报告的项目规划，包括责任的分配和截止日期。从最开始就设定一个编制流程结束的最终日期，是一个特别好的做法，有些收尾工作可以在截止日期之后反过头来再做改善。然而，设定截止日期时，要记得与其他支持性文件的截止日期协调好，如年度财务报告、可持续发展报告或公司治理报告。

聘任一位外部技术专家，对前一年的综合报告进行建设性的评价，指出连通性和可读性还能够改善和提升的地方，或是，哪些部分可能超出了《框架》的要求。

2. 章鱼模式

为整个信息披露系统采取章鱼模式。综合报告好比是章鱼的头部（一份含有战略性、重要性和前瞻性信息的简练报告），其他细节性报告，如年度财务报表、可持续发展报告或企业治理报告等，可以看做章鱼的爪子。然后，确定哪些报告应当印刷出来，哪些应当发布到官网上。

3. 综合报告的结构

该确定报告的结构了：可以围绕着战略目标，或是机构活动中使用或影响到的资本，当然也可以考虑是否采用更适合的方式讲述一个更为独特的价值创造故事。考量《框架》内容要素所需的信息：有关机构概述和外部环境、商业模式、战略和战略目标以及风险和机遇的信息，应当都是现成的，这是董事会应当考虑的；所需的业绩信息，可能需要一定的流程和举措（理想的是，内部信息披露系统应当已经可以提供战略目标下非财务关键业绩指标方面的业绩信息了）。当开始考虑报告的范围时，必须确定报告的边界，《框架》对此给予了指导。还要想到是否使用信息图，从而更好地展示连通性，并改善可读性。如果能用一个表格，将战略目标与关键业绩指标、目标、风险和机遇、业绩、薪酬和未来展望联系起来，那就更好了，也可以展示出关键利益相关者及其重要的需求、这一年中出现的问题、机构该如何回应以及自身对利益相关者关系的评价。

4. 重要事项

《框架》设定了一个清晰明了的流程，用于确定对于机构价值创造过程来说特别重要的事项。这些重要事项以及确定重要事项的流程，需经董事会批准。还没包括在内的重要事项，应当在这一年中的董事会会议上得到讨论。重要事项清单需要在每个年末重新审核。

5. 撰写报告

记住，少即多（less is more）。最好使用日常用语，尽量避免深奥的行业术语。最为理想的是，报告由内部人员撰写，而不是聘任外部人员。但需要一位外部技术专家，来审核报告草稿，从而使报告质量在短时间内取得较大的改善。

6. 获得批准

综合报告传达的是董事会的声音，因此，最终报告要由董事会签署。还应当附一份认可声明，说明董事会要为报告的真实性负责，此报告的编制是基于董事会的集体决策，并依据《框架》呈报的。

7. 鉴证需求

董事会（或审计委员会）决定哪些信息需要被鉴证，需要哪种类型的鉴证以及由谁来提供鉴证。

你，知道吗？

南非公司治理制度的演变

南非公司治理制度的演变与南非的特殊历史文化、所实行的市场经济以及国际影响密切相关。南非公司治理制度的演变中，可以《南非公司治理金报告》（简称为《金报告》）为分界点分为三个不同阶段：

- 前《金报告》时期，为南非公司治理制度的萌芽阶段；
- 《金报告》阶段（包括《金报告Ⅰ》、《金报告Ⅱ》及《金报告Ⅲ》），为初步发展阶段，对公司治理制度进行了非立法规定。同时这一阶段的《广义黑人经济振兴法案》，对公司治理进行了立法规定，不但影响了南非公司治理制度的发展，且对外国投资者在南非的投资产生了影响；
- 后《金报告》阶段，为发展进步阶段。《公司法》规定了公司治理中公司组织结构和股东救济制度。

注：根据湘潭大学陈韦如的学位论文《南非公司治理制度演变与启示》（2014）整理。

第七章

综合报告，先行者的故事（下）

——以保险业为例

践行综合报告，是向效率和透明度迈进的一大步：这绝不仅仅是将所有重要信息整合在一起，而是踏上一个以更整合方式经营企业的漫漫征程。

——意大利忠利（Generali）保险公司（2015）①

综合报告在全球范围内正凝聚着日渐强劲的冲击力：一方面，各国政府和监管部门开始身体力行，排除种种障碍，鼓励企业将综合报告及整合性思维与公司治理及信息披露结合起来，力促综合报告成为企业信息披露的主流；另一方面，市场对综合报告的呼唤也日渐响亮和清晰，来自澳大利亚、巴西、德国、印度、意大利、新加坡、南非、英国等国的企业走到一起，形成了不同行业的网络项目（＜IR＞networks），旨在探索综合报告给各行业带来的机遇与挑战。参与企业网络项目的机构，正率先踏上综合报告的征程，不仅其信息披露方式受到积极影响，更重要的是，它们的思考和行为方式都发生了显著的改变。

其中，"《综合报告》保险业网络项目"（＜IR＞Insurance Network），是在法国第一大审计集团 Mazars 的引领下，协同荷兰全球保险集团（Aegon）

---

① AEGON，GENERALI & MAZARS 发布的《保险和再保险行业的价值创造——整合性思维和综合报告的附加价值》（Value Creation in the Insurance and Reinsurance Industry，2015）。欲阅读原文，请浏览 http://integratedreporting.org/wp-content/uploads/2015/03/Business－Case－IR－Insurance-Industry－Network－2015.pdf。

和意大利忠利保险公司（Generali），与有志于实践综合报告的保险和再保险行业的公司一起，共同向综合报告迈进的有益尝试。让我们一起来看看，这场更具保险行业特性的征程，到底走了有多远？

一、保险业面临的现实挑战是什么

保险和再保险行业面临着此行业特有的现实挑战：越来越严苛的监管（如，保险业清偿能力监理标准、欧盟偿付能力 Solvency II）、经济的不确定性、人口流动、气候变化、医疗创新、数字化，等等。这些都需要保险企业承受竞争所带来的压力，尽可能把握机遇带来的优势，从而保持可持续成长。在可预见的未来里，保险和再保险公司不得不面对的重大商业模式演变，可能会影响到行业所有的业务种类（如储蓄人寿保险、财产及意外险、投资管理，等等）、价值链的每一环以及内部的专业技术和对外的合作关系。加入到"《综合报告》保险业网络项目"的企业一致认为，保险业所面对的最重要现实挑战可总结为以下五个方面（见图 7 – 1）。

（一）新趋势可能导致新风险

除了传统意义上的风险辨别和管理，保险企业还要预测那些目前还很难确定是好是坏，尤其是与社会、环境和经济密切相关的最新趋势。了解、预测并适应这些新趋势可能导致的风险，占据着保险公司经营中的核心地位，因为，这些风险可能带来重大的创新机会，但也可能成为灭顶之灾。

（二）经济不确定性增加风险

保险行业源于金融的动荡和经济不确定性：在成熟经济中，只要增长乏力，利率低迷，保险业就可能面临着复杂的挑战；在发展中国家或地区，通货膨胀、重大灾难爆发和货币兑换率的波动，也可能成为保险业的重大风险。因此，保险公司需要不停地改变投资策略，才可能增加投资回报，从而在投资组合中对增加的风险给予补偿。经济的不确定性，也可能成为经营风险，因为保险企业也需要追求经营效率（如数字化，虽然使更多的国家和地区受益于新产品和新的销售渠道，但经营风险也会因此而增加）。

新趋势可能导致新风险
- 全球老龄化和人口流动
- 顾客面对的新风险（包括技术的、行业的、信息技术的风险，等等）
- 气候变化适应性和风险融资
- 舞弊/贪腐风险
- 新的骇客行为
- 技术和科学的进步

经济不确定性增加风险
- 新市场的出现和成长
- 低成长、低利率环境中的产品业绩
- 公共部门和政府融资的更低收益（需要多样性投资）
- 在社会成本较低的国家里，中介/外包/转移活动
- 资本市场的动荡

可持续发展浪潮引发新期待
- 投资的环境、社会和治理（ESG）
- 重拾员工和消费者的信任
- 公平纳税，支持社区

经营面临内外部挑战
- 数字化和大数据
- 因数字化产生的新对手
- 新对手导致降低价格和利润
- 数据安全和数据隐私
- 开发新的消费者服务项目
- 充足的熟练员工

严苛的监管增加成本
- 法律法规（如，Solvency II，IFRS，SIFI，Grenelle II）
- 贸易壁垒的加强（对有争议的企业或国家）
- 当地法规凌驾于全球、欧盟、美国等法规之上

图 7-1　保险业面临的挑战

资料来源：AEGON，GENERALI & MAZARS 发布的《保险和再保险行业的价值创造——整合性思维和综合报告的附加价值》(2015)，经本书作者翻译整理。

（三）愈加严苛的监管增加成本

从全球来看，针对保险业的法律法规，无论是从数量还是从复杂性来说，都在与日俱增。保险企业需要遵从这些法规所规定的原则，如规范清偿能力、风险管理和保护消费者。此外，因为企业的保险和再保险行为是否足够审慎、是否符合当地的伦理道德，已处在更广泛的利益相关方监督之下，地区性的法律法规还有可能给保险企业带来声誉风险。对于跨国的保险公司来说，这些风险不仅与经营有关，还可能面临着财务方面的挑战，因为企业可能需要满足额外的资金需求，制定不同的解决方案，满足当地日益增长的信息披露要求，所有这些都导致了保险公司在激烈的竞争环境中增加了成本。

（四）经营面临内外部挑战

经营失败，罪魁祸首往往是不适合的流程、人员和系统。一种可能，就是外部事件，直接影响了消费者和合作伙伴的满意度，并损害了遵从当地或全球性法规的能力。不断增加的内部数据，如果能与来自社交媒体和移动设备的外部数据结合起来，将有助于保险公司更好地了解自身的消费者以及正在形成的风险。

（五）可持续发展浪潮引发新期待

和其他行业一样，保险业的利益相关者也开始关注，应当如何将人权、社会和环境等议题整合进企业的经营之中，这当然也会影响相关各方的购买行为。保险和再保险企业已开发出了不同以往的投资策略、产品和条款，包括对环境、社会和治理因素的考量以及相关信息的透明度。在利率持续低迷的背景下，保险和再保险企业对当地社区的支持，往往体现在能否为当地经济提供融资服务之中。

二、保险业投资者如何看待综合报告

保险公司能否对业绩信息进行充分披露，不仅对顾客和保险服务的受益人特别重要，也关系到投资人能否做出明智判断，而这些判断又是保险公司能否吸引到财务资本的关键。

尽管在投资者看来，保险企业已称得上是优秀的信息披露主体了（主要体现在对监管影响、行业混乱以及财务业绩的描述上），但他们依然认为，现行的信息披露实践依旧有需要改善的地方。

首先，投资者认为，保险企业所披露的信息虽已太过偏重描述，但具有战略意义的信息还是偏少，特别是在企业社会责任（CSR）政策方面。尽管社会责任议题在保险企业现有的报告（年度或可持续发展报告）中，已被披露得越来越多，但这些信息未能与整体业绩整合在一起。此外，保险企业偏重于特定的、可用量化业绩指标说明的主题，但却未能充分呈现出企业战略对商业模式的长期影响。

其次，投资者认为，当前的信息披露实践在风险管理方面还缺少一定的透明度，特别是，某些地理区域内的风险以及一些长期趋势。例如，气候变化的长期影响还没有被完全开发披露出来。就这一点，投资者还强调了一个事实，综合报告将有助于保险企业更好地描述自身的商业模式和长期战略，使精确的价值判断成为可能。对所运用的资本进行整合式披露，也将使投资人更愿意投资于保险业。

投资者总体来说同意"《综合报告》保险业网络项目"所指出的保险行业所面临的现实挑战。然而，其中的一些挑战，如"经济的不确定性"却过于宽泛，应当更仔细地辨别出那些与企业活动格外相关的内容（如低利率将影响到监管审查，监管审查又会影响到保险公司在债券收益和汇率波动中取得的佣金或利润）。这再次证实，涉及内外部利益相关方的重要性分析以及对读者保持透明有多么得重要。

最后，投资者似乎对于那些与新趋势和新挑战相联系的机遇非常感兴趣：如果能够清晰地说明这些机遇如何被整合，并被反映在企业长期战略中，将有助于投资者判断企业的未来业绩，也有助于投资者进行价值判断。

三、综合报告如何帮助保险企业勾画中长期价值创造图

综合报告作为对机构的战略、治理、绩效和前景在机构外部环境背景下，在短期、中期和长期如何创造价值进行沟通的简练文件，其基础是整合性思维，而整合性思维是指机构积极考量各经营和职能部门，与自身所使用或影响的资本之间的关系，最终引向机构短期、中期和长期价值创造的整合性决策和行为。这需要考虑到一系列影响长期价值创造能力因素之间的连通性和相互依存的关系。

因此，在一个高度竞争的金融市场中，能够清楚地表明自身是如何抓住机遇、管理风险的，将有助于保险和再保险企业凸显自身独特的价值主张。综合报告是强有力的工具，确保保险企业基于透明和精确的财务和非财务信息和指标，与自身的主要利益相关各方保持或发展信任关系，最终取得运营所需的资本。

（一）勾画出大趋势对商业模式和价值创造的影响

保险行业目前面临的主要挑战和发展趋势，将对保险企业的商业模式和价值创造和决策过程形成深刻的影响。正如上文中所描述的社会和环境变化，影响着保险企业的战略和经营。保险企业的综合报告最好能够说明，这些挑战将在下一个报告期间，甚至更长的时期内如何影响企业的商业模式。因此，报告企业需清晰地将长期的结构性演化与短期的事件区分开来，使投资者和其他利益相关方能够更好地评价行业面临的主要挑战以及这些挑战对价值创造过程和战略杠杆等方面的影响。

以数字化和大数据为例。毋庸讳言，保险企业的商业模式和价值创造过程不可避免地受到了数字化和大数据的影响。尽管保险企业明白，数字化深刻地影响到了自身的商业模式，但仅有不多的企业展示出了这种快速而根本的变化。在近期麦肯锡针对 30 多家美国和欧洲大保险公司的数字化调查中可以看出[①]，39% 的企业根本没有针对顾客的数字决策战略。无论现状如何，此种机遇为保险企业提供了价值创造的稳固源头。

数字化是技术性和社会性的趋势，重塑了人们、技术设备和企业之间的互动以及数据交换的方式，也因技术革新和顾客新的期待而驱动了商业模式的变革。

对于保险和再保险公司来说，数字化支持即时分析和更好的顾客细分、个性化产品、定价调整和更具选择性的承保决策。随着数字化的发展，因计算机系统和软件的局限而导致的大量数据无法可视、操作和管理问题，又催生出了大数据的概念。广义来说，数据管理所面临的挑战是如何控制数据的数量、种类、流量以及隐秘性。然而，不可否认，大数据、高级分析工具和技术已极大提升了经营业绩。例如：一些公司已将"下单率"提高了 5 到 15 个百分点（下单率是指，从申请流程开始，有多少人真正购买了保险）；还有一些公司，已将申请流程的总耗时长从几周缩短到几个小时。

目前，数字化和大数据形成的影响主要有四种：顾客服务的变化、产品开

---

① 根据麦肯锡于 2015 年发布的研究报告《遭遇数字化门槛的保险业——对人寿和财产从业人员的含义》（Insurance on the threshold of digitization: Implications for the Life and P&C workforce, 2015）整理。欲阅读全文，请浏览 http://www.mckinsey.com/industries/financial-services/our-insights/insurance-on-the-threshold-of-digitization。

发的变化、对信息系统的影响和对经营业绩的影响，更详细的信息见图7–2。

提供一致的顾客体验
（从品牌、产品到渠道）

•线上和线下的购买分界线越来越模糊

•顾客期待随时可通过各种方式接触到产品；

•更直接的销售（没有中间商），更低成本和价格

更稳固的信息系统和管理

•在处理与顾客和员工相关的数据时，数据的隐私至关重要，并且，随着数据化的发展越显重要。

数据化

拓展产品和服务

•与消费者的密集接触，使他们更了解产品和服务，以及什么时间和什么地点与他们最相关

•拓展了定价之外的分析能力

•形成新产品，以满足与数据化相关联的新需求（避免骇客的侵犯）

改善保险公司的业绩

•使用数据，无论大小，无论来自内部还是外部，协同分析，发展驱动商业决策的真知灼见

•通过优化服务流程，提升附加价值

•更好地分析声誉风险

图 7–2　数字化和大数据对保险业的四种影响

资料来源：AEGON，GENERALI & MAZARS 发布的《保险和再保险行业的价值创造——整合性思维和综合报告的附加价值》（2015），经本书作者翻译整理。

（二）形成经过整合的风险和机遇管理方式

全局性的整合性思维和信息披露，能够使企业关注于一系列相互连通的信息，包括风险和机遇。当然，提供未来展望的相关看法，有时是要冒一定风险的，但拒绝向前看的企业，在竞争日益激烈和全球化的行业中，终将会

被无情淘汰。

整合性思维的核心价值，当然不仅仅体现在能够罗列出未来保险业的风险和机遇的变化上。它还能提供一些信息，帮助保险和再保险企业的治理部门制定出现实的、有事实依据的和能够落地的经营规划，将风险建模和风险管理植入战略性决策之中。

还是以数字化和大数据为例。保险和再保险公司如何管理这个大趋势所带来的风险和机遇？在保险业中，普及数字化和大数据的倡议要远比其他行业更多。从前台到后台，几乎每间办公室的活动都受到了影响。尽管最初在改良和简化 IT 系统、拓展数据足迹时，董事会遭遇了不少阻力，包括行业监管、法制监管、有限的财务和人力资源、不搭的企业文化和数据安全要求，等等，不一而足，但数字化和大数据的确使保险公司开发出了新产品、改善了已有的老产品、改变了原有的分配渠道，并优化了顾客体验（见表 7 – 1）。

表 7 – 1　　　　　　　与数字化和大数据相关风险和机遇的管理

数字化和大数据带来的主要风险 & 机遇	风险 & 机遇对商业模式的影响	缓解风险/机遇优势的实例
网络风险和数据隐私	• 互联网上复杂工具的出现	• 常规的 CIO 报告和网络袭击事故的追踪
声誉	• 因职业道德标准缺失而遭受消费者的处罚	• 社会网络管理 • 行为规范条例
监管	• 数据质量遵从欧盟偿付能力（Solvency）II 和行业规范 • 在新的经营地区所需遵守的新市场规范	• 从最高层开始，公司治理和董事会介入对风险管理的整合
商业关系	• 新的线上活动，以迎合消费者的期待 • 提高行业新入者的门槛（E 经济，等等）	• 启动额外的线上服务 • 新的合作伙伴关系
运营	• 数据中心安全 • 数据保护	• 个人数据管理政策 • IT 投资
可取得的资源	• 缺乏适合的资源和专业知识，即便在董事会层面	• 留住技术和经验俱佳的专业人员策略

资料来源：AEGON，GENERALI & MAZARS 发布的《保险和再保险行业的价值创造——整合性思维和综合报告的附加价值》(2015)，经本书作者翻译整理。

（三）披露有效率的资本分配决策

《框架》将资本描述为企业使用或影响的资源和关系，并分为财务、制造、智力、人力、社会与关系以及自然资本6种类型。保险和再保险企业可以看作是有形无形资产以及各种能力的组合，如房屋、财务资产和投资、在线服务、顾客的数据库、员工、供应商和合作伙伴，等等。因此，对重要资源的持续需求，决定了企业需要保持一定的商业模式以确保未来发展的能力。

但是，资源不可以被孤立地评估，因为它们的价值只有在市场需求和压力的相互作用才能确定。仅看财务资本一项，全球金融市场的持续动荡、特定区域内的经济困境、个别主权债务和欧元引发的持续关注，就可能极大消极影响到保险企业的经营。对于保险业来说，财务、人力和智力资本是最重要的资源。在综合报告中，保险和再保险企业需详细披露自身的资源分配决策以及管理层为应对未来资源稀缺而制定的战略。

依然以数字化和大数据为例。如何将数字化和大数据与资本和利益相关者联系起来？表7-2是基于资源，提出了可行的答案。

表7-2　　　　　数字化和大数据与资本和利益相关者的联系

资本类型	公司如何应对挑战？ 与此相关的机遇有什么？	受影响的利益相关方
财务	• 对IT的内部投资（硬件、软件、数据中心） • 大数据的开发，以改善财务模式 • 对数据和IT部门的投资	• 客户 • 员工 • 投资者 • 供应商
智力	• 开发新软件 • 大数据的开发，以改善商业报价、定价和市场划分 • 将IT运用到特殊任务中（辨别舞弊、了解顾客需求……）	• 客户 • 员工和销售人员 • 投资者
人力	• 有效的数据管理提升生产率 • 数据管理（输入/输出，等等） • 通过数据网络进行企业内部交流	• 员工

资本类型	公司如何应对挑战？ 与此相关的机遇有什么？	受影响的利益相关方
社会 & 关系	● 在客户和保险公司之间形成网上交流	● 客户 ● 员工和销售人员
制造	● 高效数据中心的使用和管理 ● 为核心员工配备高质量硬件（计算机和智能手机）	● 员工
自然	● 对能源资源的优化利用	● 社区

资料来源：AEGON, GENERALI & MAZARS 发布的《保险和再保险行业的价值创造——整合性思维和综合报告的附加价值》（2015），经本书作者翻译整理。

四、成功案例——AEGON 的综合报告之路

AEGON 在全球 25 个国家内提供保险、养老金和资产管理服务。作为在阿姆斯特丹和纽约两个交易所上市的公司，AEGON 的第五份综合报告《AEGON 的 2015 年回顾：建立有意义的联系》（AEGON's 2015 Review Creating meaningful connections）① 已在 2016 年 3 月正式发布。

几年前，出于效率的原因，AEGON 的财务部门将两份遵从性报告合二为一（一份是按照荷兰监管部门要求编制的年度报告；另一份是遵从纽约交易所对上市公司要求编制的 FORM 20F）。在此过程中获得意外发现：综合报告和 GRI 的理念与原则，与 AEGON 一直以来想要追求的信息披露目标完全契合，既整合了财务和非财务信息、简洁、精准又均衡的企业报告。从此，AEGON 踏上了综合报告之路。

AEGON 惊喜地发现，综合报告所带来的好处，绝不仅仅是效率，还有整合性思维和连通性。在综合披露信息的过程中，AEGON 开始在所有资本的背景下整体审视业绩，提升了披露信息之间相互的连通性。在 2015 年的综合报告中，AEGON 重点回顾了如何创造并分享价值。

---

① 荷兰全球保险集团（Aegon）发布的《AEGON 的 2015 年回顾：建立有意义的联系》（AEGON's 2015 Review Creating meaningful connections）。欲阅读全文，请浏览 http://www.aegon.Com/Documents/aegon-com/Sitewide/Reports-and – Other – Publications/Annual-reports/2015/Aegon – Annual – Review – 2015. pdf。

AEGON 综合报告越来越关注利益相关者的期望和重要议题，这为公司与利益相关各方开展具有建设性的对话奠定了基础。同时，高层管理人员也越来越多地参与到信息披露过程中，无论对内还是对外，都增强了企业所传达信息的可信度。

AEGON 相信，如果思维不是整合的，那么，信息披露方式也不可能是综合性的。因此，无论是通过扩大信息披露范围，还是更加侧重于主要行业趋势和战略决策之间的联系，AEGON 的目标都是逐年提升综合报告质量，因为还有太多的改善空间。想在综合报告之路上走得更远，AEGON 意识到，还是要使自身的思维与决策都更具整合性，加入更多的分析，才可能使综合报告更具价值。

五、综合报告之路，保险业走了有多远

2015 年 11 月，Mazars 发布了针对"《综合报告》保险业网络项目"的最新研究报告《综合报告：我们走了有多远？》。① 这份报告，选取了 22 份参与"《综合报告》保险业网络项目"的保险和再保险企业所发布的 2013 年和 2014 年年度报告作为研究样本，先按照所披露的信息内容将样本报告分为三组："综合报告"组、"管理报告"组（包含了企业社会责任元素）和"财务报告"组（见表 7-3）。值得欣慰的是，在第 3 组"财务报告"组中，已经能够看到中国保险公司的身影。

表 7-3　　　　　　　　　　报告样本分组情况

	第 1 组	第 2 组	第 3 组
分类	综合报告	管理报告 （结合了财务与 CSR 信息）	财务报告
样本数	5 份	9 份	8 份

---

① Mazars 于 2016 年发布的《综合报告：我们走了有多远？》（Integrated Reporting：How Far Have We Come? A Look at Insurers Annual Reports, 2016）。欲阅读全文，请浏览 http：//integratedre-porting. org/wp-content/uploads/2016/01/Mazars_Insurers-reports - Benchmark - 2015 - 3. pdf。

续表

	第1组	第2组	第3组
发布报告的保险业公司	荷兰全球保险 意大利忠利保险 南非莱利银行 南非桑南保险 瑞士苏黎世保险南非分公司	德国安联 英国英杰华保险 法国安盛 日本邮政 西班牙曼弗雷保险 德国慕尼黑再保险 英国耆卫保险 巴西 Porto Seguro 保险 英国保诚保险	美国国际保险 中国人寿保险 中国太平保险 美国大都会人寿保险 百慕大博纳再保险 美国保德信金融 平安保险公司 苏黎世保险集团

资料来源：MAZARS 在 2016 年发布的《综合报告：我们走了有多远?》，经本书作者翻译整理。

然后，依据国际综合报告委员会的《综合报告框架》，Mazars 设计了用于评判样本公司信息披露实践成熟程度的评价矩阵。所有的报告，先要用评价矩阵中 60 个指标进行定性评估。随后，经过对这些指标的逐一考量，Mazars 对样本报告信息披露内容进行成熟度赋值（赋值从 1~5，以便在此基础上进行定量分析）。为便于分析，又把 60 个指标分为 15 组（每组最终得分是组内指标赋值得分的加权平均值）。此种评价矩阵也得到了参与"《综合报告》保险业网络项目"所有保险企业的认可。经定性和定量分析之后，Mazars 对于保险和再保险行业综合报告实践现状的主要发现可归纳为以下三点。

（一）综合报告，还有很长的路要走

经过对样本报告的分析，Mazars 得出的最初结论是，综合报告并不完全是一种信息披露范式的改变，它更像一个需要分三步走的漫长征程。与传统的财务报告和企业社会报告相比，综合报告推介了一些新的信息披露原则，最重要的是，它延续和提升了现行的信息披露方式。

在分析中可以发现，从财务报告到综合报告，管理报告可视为此征程中的中间站，因为它将财务信息和企业社会责任信息结合在了一起。从信息的连续性、利益相关者关系、重要性和简洁性来看，管理报告比财务报告有了重大而长足的进步。根据《综合报告框架》的指导原则来看，财务报告是三类报告中成熟度最低的一类，其主要目标仅仅是遵从法律法规的要求，因而谈不上简洁性和重要性问题。法律法规要求企业披露与经营相关的一切信息，但对于企业面临的风险、资源分配和非财务业绩方面的信息，企业却往往选择避而不谈（见表7-4）。

表7-4　　　　　　　三类报告的指标赋值得分对比

		综合报告	管理报告	财务报告
基本信息		4	2	1
适用的框架和结构		4	0	0
指导原则	战略重点和未来导向	5	3	3
	信息连通性	4	3	1
	利益相关者关系	3	3	1
	重要性	4	2	0
	简洁性	4	3	1
	真实可靠性和完整性	3	3	4
	一致性和可比性	4	3	3
内容要素	机构概述和外部环境	4	2	1
	公司治理	4	2	0
	商业模式	5	4	2
	风险和机遇	3	1	2
	战略和资源分配	2	2	1
	业绩	2	1	0
平均成熟度		4	2	1

资料来源：MAZARS发布的《综合报告：我们走了有多远？》（2015），经本书作者翻译整理。

从表中的赋值情况来看，在15组指标中只有2组取得了5分，现状并不值得乐观。因此，对于保险和再保险行业来说，综合报告的征程，还有很长的路要走，还有极大的提升空间。

（二）综合报告，已初显优势

综合报告是关于机构如何在外部环境中，通过战略、治理、业绩和展望，以达到短期、中期和长期价值创造的简洁交流。企业可遵循《框架》所提出的指导原则和内容要素，展示企业如何通过对6类资本的组织，从而完成价值的创造。通过Mazars对样本报告的分析，综合报告为保险企业带来的益处主要体现在以下两个方面。

1. 提升了重要性与可信度

与传统的财务报告和企业社会责任报告相比，综合报告最接近于信息质量要求中的重要性原则（也就是，选择披露的是最相关的信息，尤其是对企业的影响以及利益相关者利益来说）。综合报告有选择地、分层级地披露财务和非财务信息，改善了所披露信息的相关性和一致性。目前，企业社会责任部门需要面对的主要挑战是如何选择非财务信息的问题，要在众多利益相关者期待与利益之中，辨别出重点和核心所在，是一个并不容易完成的任务（已有几种管理工具可供选择，如，重要性矩阵）。

除了《框架》，一些样本报告还遵循了其他框架或指南（如来自全球报告倡议组织 GRI 的，可持续发展会计准则委员会 SASB 的，还有欧盟金融分析师协会等机构的指南）。这与遵循《框架》，并不相互排斥。从某种角度来说，这是一个信号，表明编写样本报告的保险业公司，对自身信息披露实践开始有了相对整合性的思路，因为遵循外部标准或指导原则，会使行业内或行业间的比较成为可能。然而，这种好做法尚需扩大影响面，因为只有40% 的全样本报告、80% 的"综合报告"组样本报告遵循了外部框架或指引。

此外，综合报告的编制工作，通常要得到企业最高管理层的支持，并附有"责任"声明，这使企业所披露的信息从某种程度上来说提升了可信度，也为信息的精准程度提供了一定程度的保证。

2. 将价值创造过程置于外部环境中

整合性思维为企业提供了一个绝佳的机会：一方面，企业能够保持一定的距离观察自身的经营活动，不同的要素和变量如何在一个系统中相关依存，从而完成价值的创造；另一方面，使企业能够从未来的角度，近距离审视企业的商业模式。如此一来，每一份综合报告都使战略及商业模式与未来展望及风险机遇紧密联系在一起。但依然有 73% 的样本报告，并未真正能够做到这一点（包括"综合报告"组样本报告）。

传统财务报告的编制，通常都是由财务部门依据法律法规的规定来完成的（如，美国的 Form 10 - K，法国的注册文件，等等）。然而，这样的报告并不能够清晰描画出企业长期创造价值的整体规划。与此相比，综合报告则是鼓励尽可能少地运用叙述性文字，更多地运用简单示意图，从而将价值创造过程表达得更为直观一些。

综合报告背后的另一个理念是，展示出关键利益相关者之间的关系。在传统的财务报告中，这部分内容往往是缺失的，或是以图画形式出现在财报的企业社会责任章节里，或是在独立的企业社会责任报告中（超过60%的样本报告就是这样做的）。而综合报告中的此类信息，通常会加以详细说明，还会描述出利益相关者参与价值创造的过程。图7-3就是来自法国安盛保险（AXA）的优秀范例（《AXA 2014年活动和企业社会责任报告》）。

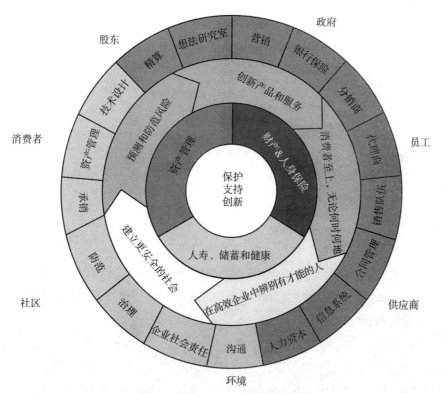

图7-3　利益相关者和价值创造之间的联系

资料来源：法国安盛保险（AXA）发布的《2014年活动和企业社会责任报告》（2015），经本书作者翻译整理。①

①　法国安盛保险（AXA）的《2014年活动和企业社会责任报告》（2014 ACTIVITY AND COR-PORATE RESPONSIBILITY REPORT，2014），欲阅读全文，请浏览 https：//cdn. axa. com/www-axa-com%2F1bb6aa28 - 4135 - 4c34 - a8bb - 8695c81cc23d_publication2en. pdf。

除此之外，优秀的综合报告往往还会对企业所处的竞争环境以及在价值链中所处的位置加以描述和分析。超过75%的"综合报告"组报告披露了此类信息，但从总样本来看，这样做的企业达不到一半。

（三）综合报告的发展，进步与不足并存

Mazars的研究发现，保险企业年报的结构和布局通常遵循的是企业特有的逻辑，只有较少的是按照内容要素或重要议题来布局的。与此相比，综合报告是将特定内容要素（如外部环境、价值创造过程和重要性）融合在一起，使报告结构更具一致性，也更具可读性。

在"管理报告"组的样本报告中，《框架》所要求的内容要素与财务信息以及企业社会责任信息融合在一起，至少从整合性思维角度来看，比财务报告取得了一定的进步。然而，这些报告中的某些信息往往会在报告中不同部分里重复出现。例如，在财务业绩部分中提到的风险，会在企业社会责任部分再次被提及。这种重复是由部门间的责任分割造成的，财务信息由财务部门负责，与环境、社会和治理相关的部分由企业社会责任部门负责，两个部门又各自独立于整体风险评估部门。

1. 指导原则

（1）注重战略和面向未来不足。综合报告的理念之一是提供关于企业战略和未来展望的综合信息。如果说，目前的财务报告只覆盖了部分内容要素的话，那么，在传统的企业社会责任报告中，更是仅仅简单地提到这些要素，并未得到深入分析和讨论。

较为常见的是，企业战略会出现在特定的章节里（70%的样本报告是这样做的），而关于未来展望的信息，要么遍布整份报告，要么集中在特定章节。虽然战略和未来展望，是目前企业报告体系中最常被提到的议题，但只有不到10%的样本报告提及了战略与资源分配规划之间的联系。

（2）信息连通性得到最大提升。总体来说，目前保险企业所发布的报告中，得到最大提升的是信息连通性，有25%的样本报告做得相当出色。这种提升，表现在战略、价值创造过程、风险和机遇以及不同时间跨度内业绩间的相互联系。比较下来，"综合报告"组的样本报告，信息连通性做得

最好，这些样本报告均能清晰地说明，什么是影响企业价值创造能力的长期因素，与企业战略和目前的经营活动之间存在着什么关系。

（3）重要性矩阵运用得不多。重要的信息，往往是对价值创造过程能够形成重要影响的相关信息，因此，也是与利益相关者密切相关的信息。关注重要性是整合性思维、综合信息披露的基础概念之一，也是区分综合报告与财务报告的主要因素之一。

与保险市场相关的因素众多，不可能无一例外地包含在报告中，因此，需要运用重要性矩阵确定这些因素的优先次序。然而，只有不到20%的样本报告运用了重要性矩阵。保险企业报告应当披露的重要趋势有三种：第一种，是最常见的资本市场动荡和新法规的出台，这类问题很容易被辨别出来，往往很早就会受到金融部门和政府机构的关注；第二种，是一些正在涌现的重要趋势，往往会在将财务信息与企业社会责任信息融合在一起的管理报告中出现；第三种，是由一些长期的、很难被量化的重要趋势构成，只有不到20%的保险业报告会提及。

（4）简洁性和可读性得到提升。传统财务报告的篇幅，已越来越长，可读性也随着篇幅的增加而逐步下降。综合报告倡导报告的简洁性和内容的明晰性。从简单的量化角度来看，"综合报告"组内的年报篇幅要比"财务报告"组的短40%。要做到简洁性和可读性兼备，就不得不考虑到重要性问题，只有披露那些真正重要的事项，才可能减少报告的页数。

2. 内容要素

（1）"机构概述和外部环境"少与战略相关联。从描述性角度来看，关于机构概述和外部环境的信息量绝对是足够的（60%以上的样本报告做得比较充分），但很少与企业战略联系起来，特别是传统的财务报告，只有不到40%的样本报告对此有所涉及。用与此相关的指标来衡量，"综合报告"组在"机构概述和外部环境"部分的成熟度明显高于其他两组。

（2）"治理"被过度描述。在保险和再保险行业的报告中，"治理"这一内容要素，通常是被过度描述的。然而，这种过度描述的状况却导致"治理"内容要素成熟度偏低。例如，约有80%的样本报告包含了治理结构和董事会、高层管理层人员的薪酬，但治理主体在价值创造过程中的作用，却很少被提及（只有不到一半的样本报告对此进行了分析）。这类信息通常采取的形式是各个治理主体的综合表现，或不同的治理主体过去/目前的活动以及这些活动对企业价值创造所造成的影响。

（3）商业模式得到了较好的说明。在保险企业的年报中，商业模式得到了很好的文字说明。除此之外，将近50%的全样本报告，辅以简单的示意图来强调价值创造过程中的一些关键要素（如投入、活动、输出和成果），"综合报告"组中的80%均使用了这种文字加示意图的方式，使综合报告明显有别于只侧重于企业活动的传统财务报告。

六、保险业的综合报告，可改善的空间在哪里

综合报告并不完全是一种报告范式的改变，更是现行信息披露方式的延续和改进。保险业已发布的综合报告，可作为激励保险业及其他行业企业主动迈向综合报告之旅的好样本。具体的好做法，详见表7-5。

表7-5　　　　　　　　保险业综合报告优秀样本

好的做法	成功因素	优秀样本报告
用简单的示意图，展示商业模式	明晰和可读	苏黎世保险（ZURICH）2014年年报
利益相关者在价值创造过程中的作用	明晰	法国安盛保险（AXA）2014年活动和企业社会责任报告
在长期的行业趋势和企业战略之间建立联系	一致性	意大利忠立保险（GENERALI）2014年年度综合报告
阐明战略、重要事项和关键业绩指标之间的联系	明晰	荷兰全球保险2014年综合评述
展现资本、商业模式和价值创造之间的联系	连续性和整体分析	南非保险公司桑南2014年年报

资料来源：MAZARS发布的《综合报告：我们走了有多远》（2015），经本书作者翻译整理。

然而，即便从保险业最成熟的报告中也能看出，综合报告最深层次的理念是整合性思维，但仍处在继续发展的进程中。那么，对保险业来说，其综合报告的可改善空间在哪里？

（一）风险与机遇

在保险和再保险企业的年报中，先对风险与机遇加以辨别，再辅以进一步的说明。这一部分内容，即便有专门的篇章（约占总样本的60%），或贯穿于整份报告始终，但对投资者和利益相关各方最为关注的问题，却仍然缺乏详尽分析，对补救措施的说明也明显不足。

（二）战略和资源分配

超过60%的样本报告都提到，在不同的时间跨度内，企业的战略目标不尽相同。那么，理想的做法应当是将战略目标与当前和未来的资源分配联系起来。然而，与"风险与机遇"部分类似，即便是在"综合报告"组中，将两者之间联系加以说明的样本报告，也不到20%；在其他类型报告组里，这个比例更低，甚至不到10%。

（三）业绩

"管理报告"组里的样本报告，运用了量化指标，来说明为取得战略和经营目标而做出的业绩努力。换句话说，就是将传统的财务指标与一些非传统业绩指标结合起来，量化企业所面对的主要问题。然而，只有27%的全样本报告（即便是在"综合报告"组里，这个占比也仅为60%）披露了与企业直接相关的环境、社会和治理业绩指标，即便有些指标已经超出了严格意义上的企业社会责任关注点。

"综合报告"组的报告在业绩指标披露方面做得相对较好，能够随着企业战略和企业所选择披露的信息类型而有所不同。

你，知道吗？

《综合报告》网络项目
< IR > Networks

"《综合报告》网络项目"，旨在帮助意欲采纳综合报告的企业，加快迈向综合报告的步伐。由最初的"《综合报告》企业网络项目"发展

而来，目前已成立了覆盖公共部门、养老金、高科技、银行业、保险业、投资者等9个网络项目。

综合国际报告委员会，协同全球相关机构一同运行这些项目，包括股票交易所、研究机构、企业协会以及行业协会。综合国际报告委员会期望通过开发和复制这个模式，将综合报告的益处带给全球范围内更多的读者群。

第八章

综合报告，该如何实现

全球众多信息披露机构受综合报告（基于利益相关各方价值和长远考量的新型信息披露模式）所激励，正以理论概念为起点，向实践应用进发。
——PwC 信息披露部门经理、资深会计师 Paul Fitzsimon

在近期的一项普华永道调研中，75% 受访的 CEO 们表示，计量和报告企业行为对社会、环境以及治理造成的影响，有利于企业的长期发展。[①] 在另一项调研中，受访的投资者表示，企业在年报中披露企业战略、风险和机遇以及其他价值驱动因素，有助于企业降低资本成本。[②] 因此，驱动综合报告发展的动力，是基于资源或资本的价值创造，能够使企业的生存与长期可持续发展的愿景协调一致。

全球众多信息披露机构，受综合报告这种基于利益相关各方价值和从长远考量的新型信息披露模式所激励，正以理论概念为起点，向实践应用进发。在 2015 年，130 家日本企业和超过 10% 的英国富时 100 指数公司发布了自己的综合报告。在所有上市公司被强制要求发布综合报告的两个国度里，南非和巴西，涌现出了众多的成功案例。从这些先行企业的经验中可以发现，最根本的变化，并非是最终拿出的那一份报告，而是企业从根本上实

[①] 根据普华永道的调查报告《第 17 次 CEO 调查》（17th Annual CEO survey，2014）整理。欲阅读全文，请浏览 http://www.pwc.com/gx/en/ceo-agenda/ceosurvey/2015/download.html PwC 17th Annual CEO survey。

[②] 根据普华永道的《企业业绩——投资者都想了解什么？综合报告的非常故事》（Corporate performance：What do investors want to know? Powerful stories through integrated reporting，2014）整理。欲阅读全文，请浏览 http://www.pwc.co.nz/PWC.NZ/media/pdf-documents/assurance/pwc-corporate-performance-series－3－powerful-stories-through-integrated-reporting－2015.pdf。

现了内部变革，对价值创造过程中所有元素形成了从未有过的深刻理解，信息间还保持了难得的连贯性，最终形成的是经过整合的管理信息。

普华永道基于自身在综合报告领域的理论积累以及来自实务界的成功经验，开发出由五个阶段构成的综合报告路线指引图。① 该路线图以重要性和价值创造为核心，希望能够帮助有意发布综合报告的组织机构，加深对自身价值驱动因素的理解和评估、建立机构内部部门间的联系，最终构建一整套融合了信息技术的决策指标体系。

一、编制综合报告的起点

路线指引图的基本出发点是重要性、价值和影响（见图 8 - 1）。

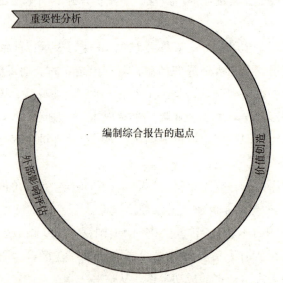

图 8 - 1 编制综合报告的起点

资料来源：普华永道发布的研究报告《实施综合报告——新语言实践指引》（2015），经本书作者整理翻译。

---

① 普华永道 2015 年发布的研究报告《实施综合报告——新语言实践指引》（Implementing Integrated Reporting：PwC's Practical Guide for a New Business Language，2015）。欲阅读全文，请浏览 http：//integratedreporting. org/resource/implementing-integrated-reporting-pwcs-practical-guide-to-a-new-business-language/。

任何新概念的出现，关注点往往会聚焦在最终结果。但对综合报告来说，却不必过于关注最终那一份报告，因为相当多的时间和资源都花费在前期被称为"整合性思维"过程中了。

尽管很多机构都在努力提升自身披露的信息质量，但沟通障碍依旧存在于信息披露机构与投资者以及其他利益相关方之间。仅仅重新设计报告的结构，或增加新内容，都远远不够。因此，有理由相信，机构要实质性地改善信息披露质量还需要一些根本性的变革。只有真正做到了整合性思维，才可能取得与投资者间的高质量对话。

董事们其实早已意识到，决策时应将财务和非财务价值驱动因素统统纳入考量范围。然而，决策时却很难得到这样的管理信息。即便有类似信息，也不是拿来就可用的整合好的信息。因此，在现有的信息披露系统中，将机构内的价值驱动因素和价值链整合在一起，并不是一项轻松的工作。

那么，该如何开始呢？需要仔细研究综合报告路线指引图中编制的基础，即重要性分析、价值创造和外部影响评估。这三个要素将贯穿整个编制综合报告的始终。

（一）重要性分析

重要性分析对于编制综合报告至关重要。其实，全球报告倡议组织（GRI）、国际综合报告委员会的《综合报告框架》以及各种财务报告准则都普遍认可重要性的重要。然而，这些准则、框架对重要性的定义却千差万别，分析流程也各不相同。

编制综合报告，先要在充分听取投资者和其他利益相关各方意见的基础上，开发出重要性分析流程。这种由外至内的视角，能够帮助管理层对企业和所处的经营环境形成较为全面的看法。越来越多的机构已通过与利益相关方的直接对话了解了价值，了解了需要采取哪些举措才能取得这些价值。

（二）价值创造

路线指引图中的第二个重要元素，是价值创造概念。机构需要对如何为利益相关方创造价值有一个定性的了解。价值创造是一个循环往复的过程，需要依赖七个相互联系的要素：利益相关者及其关键信息、风险、战略、价值驱动元素（采取什么样的企业行为，将影响到最终战略性目标的达成）、业绩和影响。

价值创造也是与利益相关者相互沟通的过程：一方面，如果没有与利益相关者的对话，将无法定义价值创造；另一方面，只有对价值创造有了较深的理解才可能达成有效对话。此外，在评估和计量管理层决策所形成的外部影响时，对价值创造的理解也可能会发生改变。

（三）外部影响评估

外部影响评估是路线指引图中的第三个基本要素。可以将价值创造过程转化为管理信息系统和流程，由此，机构可以监测到各方的表现，以此做出明智决策，也就是建立"关键业绩指标数据可视化界面"。这个界面包括更广泛相互联系的，有关利益相关者、关键重要议题、风险、战略性目标、价值驱动因素、关键业绩指标、目标以及外部影响的信息。尽管管理团队要明白，并不是所有的可用数据都是100%准确，而且也不可能从一开始就确定下来，但这些数据的确有助于企业通过系统评估来管理企业造成的外部影响。

从这三个最基本的要素扩展开来，就是迈向综合报告所要历经的五个阶段，每个阶段还包含着无数实践措施或步骤。这些阶段和步骤，并不是刻板的、一成不变的，更不是必须遵从的。每个机构需要根据自身的实际情况，侧重于自我对价值的评估以及自身所特有的价值创造过程。每个阶段将以引导性问题为起点，专门为管理团队设计，力图促进管理团队据此进行不间断的延伸思考。

二、编制综合报告的第一阶段

（一）要解决的问题

任何一家企业，不可能在利益相关者环绕的外部环境中，自顾自地经营。投资者感兴趣的往往是不同利益相关者的利益，因为那是风险和机遇的源头。企业如何在由忠实的客户、勤勉的员工、密切合作的商业伙伴组成的复杂环境中生存，如何与社区、政府和监管方以及更广义的全社会之间进行建设性对话，都会影响到利益相关者对企业管理质量的评价（见图 8-2）。

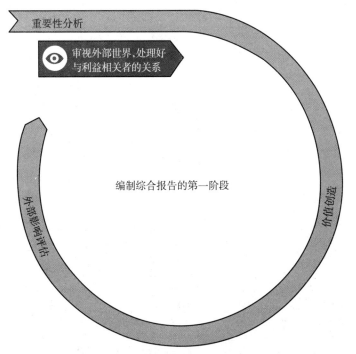

重要性分析

审视外部世界，处理好
与利益相关者的关系

编制综合报告的第一阶段

外部影响评估

价值创造

图 8-2　编制综合报告的第一阶段

资料来源：普华永道的研究报告《实施综合报告——新语言实践指引》（2015），经本书作者的整理翻译。

此外，企业还要认清大趋势，对外部环境在长期宏观层面可能发生的变化做出应有准备。这些变化可能来自人口变迁、城市化、经济实力、技术、资源以及气候等各个方面，而且，这些变化还有可能引发风险。同时，大趋势对企业的客户、竞争对手和价值链中的任何一环都会形成影响，也会引发风险。当然，这类风险如果能够有效辨别、评估和管理，也可能转化为竞争优势。

因此，在第一阶段要解决的问题包括：企业是否已经辨别出关键利益相关者，并对各方排出了优先顺序？企业将如何处理与各方的关系？企业是否已关注到了大趋势所引发的机遇和风险？企业如何看待自身所处的市场竞争地位？以及企业将如何评估重要性？

（二）可采取的步骤

为了能够用整合性思维考虑第一阶段所要解决的问题，面对这些由外部环境、利益相关者观点、竞争地位和全球大趋势所引发的战略性风险和机遇，企业可采取适当的步骤。

第一，建立一整套管理投资者和其他利益相关者（无论是内外部的）关系的流程，并融入企业治理中。最好的做法是，将这套流程融进年度利益相关者对话和信息披露手册的重要性分析之中，使之成为正式报告流程和程序的一部分。这个流程包括成立一个项目组、确保在对竞争地位和大趋势影响进行分析后有相应的应对措施（如将应对措施纳入企业战略之中）。

第二，经过严谨的案头研究和论证之后，形成一个涵盖企业自身及利益相关各方的"议题大清单"，最好能够限制在 40～70 项。理想的状态是，这些议题项都来自企业外部，包括部门及行业报告、媒体报道、政府和监管部门发布的公文、全球报告倡议组织（GRI）的议题清单、可持续发展会计准则（SASB）发布的文件，等等，由此能够始终保持一种由外向内的视角。依据案头研究结果，对企业竞争环境、竞争对手和大趋势展开进一步的深入分析（可供借鉴的成功案例现已为数不少）。

第三，项目组将这份包罗万象的"议题大清单"删减为由 20～30 个项目组成的"议题长清单"。这个过程的目的是除掉那些不是特别重要的议题，使与利益相关者间进行的对话更具相关性。确定企业的关键利益相关方时，要有明确的理由。每个关键利益相关方将分配到一个权重因子，以此反映汇总结果中该方观点所能占到的权重。这个确定关键利益相关各方的过程，可采用调研、圆桌会议或工作站以及面谈等方式实现。

第四，将"议题长清单"交给关键利益相关各方，请他们确定 3～5 个关系到企业长远发展的重要议题。听取各方对"我们形成的外部影响，是被限制在企业以内了，还是已蔓延到了整个价值链或供应链？"这一问题的观点。请各方为各议题打分，1～3，或 1～5，记得要保留好打分的结果。

第五，将结果得分相加并汇总，注意每个议题所占的权重。每个议题得到的那个分值，就能够说明这个议题对利益相关各方的重要性，或者说，是否是各方利益的所在。这个值将成为随后分析中的 Y 坐标值。与此同时，项目组考量"议题长清单"中每个议题项对企业或企业战略的影响，并将结果汇报给管理高层以供讨论和调整。随后，将董事会经讨论和调整后所确定的议题项对企业或战略的影响，作为随后分析中的 X 坐标值。得到了坐标的 X 值和 Y 值，项目组在重要性矩阵中就可以形成各议题在整个价值链中的图形云（至此，很显然，已超出了传统的财务报告边界）。讨论和分析哪些议题项是最重要的，并按照优先次序排列出最终的 6~12 重要议题项。

（三）本阶段完成后的收获

那么，在第一阶段结束的时候，综合信息披露过程进行到哪里了呢？根据与关键利益相关方的对话，企业看到了自身可能创造的最大价值（当然，或许是可能毁灭的最大价值）所在。同时，对于处理利益相关者关系的流程、对运营环境和竞争对手的分析以及重要性矩阵等方面，机构会感到受益匪浅。

三、编制综合报告的第二阶段

（一）要解决的问题

在第二阶段里，首先，要为利益相关者定义什么是价值；其次，要解决如何为利益相关者创造价值，考量机构的战略是否具有短期、中期和长期不同时间跨度间的弹性；最后，为了反映重要议题，判断是否需要改进企业的战略和目标（见图 8-3）。

（二）可采取的步骤

编制综合报告，并不一定要改进自身战略。尽管如此，若要将利益相关者的反馈，如实反映在企业战略和商业模式中，改进战略有时又在所难免。在第一阶段，与利益相关者对话之后，能确定的是可能创造最多价值的关键区域。然而，价值又是如何被创造出来的？哪些可能的风险会阻碍这些价值的创造？第二阶段，需要在考量这些问题的过程中，开发出更好的企业价值创造流程。

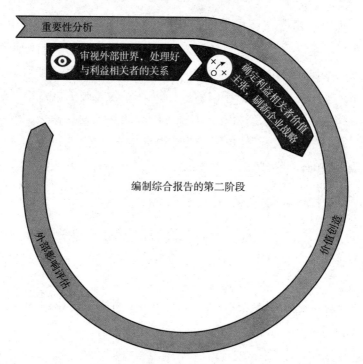

图 8 - 3 编制综合报告的第二阶段

资料来源：普华永道的研究报告《实施综合报告——新语言实践指引》（2015），经本书作者翻译整理。

第一步，需要明确定义每个关键利益相关方的价值。在第一个阶段中，处理与利益相关者关系时确定下来的重要性矩阵，将成为完成此步骤的重要前提。下面是几个为关键利益相关者价值定位的例子。

- 对于股东和财务资本提供方来说，毫无疑问最关心的问题就是财务业绩。因此，在特定市场内实施创新，就是企业对于股东和财务资本提供方价值定位的战略回应。

- 对于员工来说，最关心的是个人发展。企业可在战略中做出"我们珍视才华"的价值定位，当然，这个承诺应在企业政策、项目和行为中体现出可操作性来。

- 对于消费者希望企业能够进行环境管理的要求，企业对此可做出类似的价值定位："我们将在 2020 年前，争取达到积极影响加倍、排放量减半的目标。"

由此可以看出，价值是通过和其他方建立联系之后"共同创造"的。对价值创造流程的审视，其实是针对所有依存关系进行的稳健性分析。换句话说，凡是与利益相关者价值定位和影响相关的重要事项，企业都要避免凭直觉做出草率决定。当然，确定价值创造流程是一个不断重复的过程，企业不可能在此阶段中就完全确定下来。相反，在此阶段，选用定性信息示意图表达出对价值创造流程的最基本理解，才是比较明智的做法（图8-4是以普华永道荷兰分公司为例的价值创造流程信息示意图）。

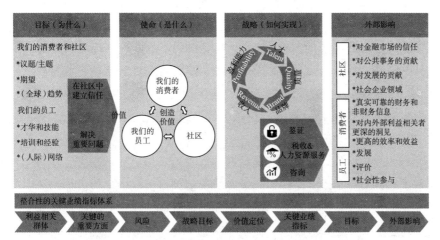

图8-4 普华永道（荷兰）价值创造流程信息示意

资料来源：普华永道（荷兰）的《实施综合报告——新语言的实践指引》（2015），经本书作者翻译整理。

第二步，需要对价值和风险进行定义。企业已辨别出的重要事项，是表明最多的价值将从这里被创造出来，当然，也是最多价值可能从这里被摧毁。因此，这些重要事项应当与风险以及日常风险评估流程联系起来。风险评估流程，应当有助于辨别出与重要事项相关联的风险。例如：

● 商业模式的成功，更多依赖于受过良好教育或培训的员工，人员方面的任何变化都可能对商业模式构成风险；

● 高素质人员稀缺或流失，会导致培训成本的提高、生产能力的下降和智力资本的受损；

● 如果消费者期待企业能够保护供应链中的生物多样性，或是对人权的尊重，即便是企业的供应商违背了这些期待，企业声誉也将因此而受损；

● 公众和政治家们，就企业的监管遵从或高管薪酬等问题提出的质疑，可能会使社会资本损失殆尽。

为了防范这些潜在的风险，企业应当考虑如何将重要事项嵌入风险评估程序中。来自实务界的经验表明，做到这一点并不难，但需要持续改善。

随后，需要设计出价值创造流程。至此，企业应当已对重要事项与机遇风险之间的依存关系有了一定程度的了解。对价值创造的分析，应当包括重要事项对机遇风险的影响。在设计价值创造流程时，主要目标是对企业能够（或希望）创造什么价值形成定性了解，而能够表达出利益相关者、企业战略和外部影响之间联系的定性信息图，是最佳选择。定性的信息图，需要包含关键利益相关者的投入（投入的资本）、重要事项、相对应的风险、战略核心（表明主要风险和机遇）、价值驱动因素（即成功执行战略、企业擅长的活动）、输出/后果指标（与目标指标相对应的关键指标）以及后果/外部影响（企业期望为利益相关者创造的价值）等因素。至此，价值创造流程圆满完成一个循环。

依照路线图，企业对价值创造流程的理解也将提升到另一种高度。在得到董事会认可之前，可设计出几种不同版本的价值创造流程图。价值创造流程将企业与其他机构彻底区别开来，体现出独特性所在。这样，独特性也能够成为利益相关者的价值（有些顾客只愿意为独创性产品和服务买单）。

（三）本阶段完成后的收获

那么，在第二阶段结束的时候，综合信息披露过程进行到哪里了呢？在此阶段结束之后，企业会对自身如何为利益相关者创造价值、面对的风险以及价值创造流程模式有了更深刻的了解。这需要在被利益相关者所认可之后，通过数据分析得到进一步完善，需要2~3年时间最终使模式稳定下来。由此带来的好处是，一种持续改善和学习的过程在企业内部真正开始了。

四、编制综合报告的第三阶段

（一）要解决的问题

进入第三阶段之后，需要解决的首要问题是"企业文化和行为是如何传递企业战略性目标的?"以及整合性管理信息是由什么决定的,而且,这些整合后的管理信息能否与战略性目标联系起来(见图8-5)。

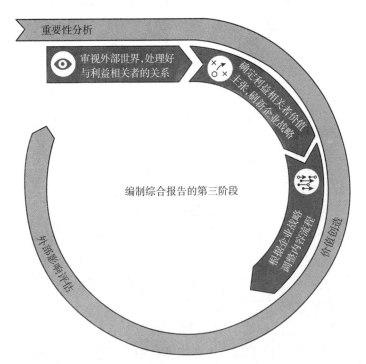

图 8-5　编制综合报告的第三阶段

资料来源:普华永道的研究报告《实施综合报告——新语言实践指引》(2015),经本书作者的整理翻译。

(二) 可采取的步骤

综合报告的基础是,整合性管理信息与企业可持续性战略保持一致。但是,什么是整合性管理信息? 它是一组取得较好平衡且相互联系的财务和非财务关键业绩指标。它们与价值驱动因素保持一致,并已深深融入企业的系统、流程和文化之中。

先要做的是,将企业战略与管理信息、关键业绩指标和价值驱动因素统一起来。这可以统称为"业绩管理"或"整合性风险和业绩管理"。在业绩管理中,一方面,需要将关键业绩指标与企业战略协调起来,使规划、报告和分析信息披露自动化,从而减少管理报告中的信息数量,同时降低了报告的复杂性；另一方面，缩短预算周期，提高附加价值，控制经营业绩，协调资源分配与企业战略之间的关系，提升数据的真实可靠性、提高管理报告的透明度，站在利益相关者角度，深入了解附加价值以及计量和管理项目执行的效率。具体包括以下三方面。

1. 文化和行为

企业文化受利益相关者的需求所驱动。领导层需要激励和调动员工，展现出一种愿望：为了战略目标的达成，愿意接受来自内外部的意见建议，并会为此而有所改变。要取得成功，需要企业中的每个个体都付出自觉而持续的努力，将价值观和自身行为与利益相关者的期望真正统一起来。

培育此种企业文化需要遵循以下关键步骤。

（1）不忘初心。从定义传达企业战略所需的文化和行为出发，思考"在企业行为、体系和决策中，利益相关者的利益得到了什么程度的重视"的问题？

（2）抓住"关键时刻"。确定赢得或失去生意的关键决策和互动行为，由此为可持续的盈利能力做出努力。

（3）用精神激励员工。"精神"是取得企业文化变迁所需的三个领导力维度之一。如图8-6所示，要求员工怀有为利益相关者利益服务的内在动力、形成一个引导员工以利益相关者为中心的个人决策指导框架，并以身作则。

（4）适合于员工以利益相关者利益为中心的系统。需要将企业的各系统与企业所期望的文化统一起来，确保高层管理人员有能力也有意愿改变企业中早已根深蒂固的一些东西，例如，业绩管理方式、薪酬和内部审计。

（5）将利益相关者需求嵌入商业运营之中。在管理层和员工的对外决策中，应十分明确为公众和社会创造价值的目标。领导者需以身作则，成为改变原有企业文化的榜样。

（6）用行为指标驱动变革。关键行为指标（KBIs）确定了员工在企业成功中所需要表现出的理想行为典范。

对员工的激励，基于他们认识到核心价值的重要性以及企业文化改变的迫切性

系统　灵魂

三维度

通过企业内部系统、流程和结构、展示和促进文化的改变（如，组织机构结构、业绩管理、薪酬体系和内部审计）

毅力

将文化通过价值观嵌入到日常决策和企业经营的持续过程中

图 8-6　企业文化变迁中的领导力三维度

资料来源：普华永道发布的《实施综合报告——新语言实践指引》（2015），经本书作者翻译整理。

2. 系统和流程

系统和流程，是达成企业战略和最终价值实现之间至关重要的联系。综合报告需要覆盖一定范围的管理信息，从财务信息扩展到非财务信息。在大多数企业中，控制非财务信息的条件依旧远未成熟，由此引发了对此类信息质量的质疑。尽管多数内部控制框架应当覆盖非财务信息，但现实并非如此。企业要在这方面取得进步，需要确保 CFO 和财务部门为非财务信息的质量负责，这需要在财务部门和管理部门之间明确角色和责任的分配。为此，需要成立一个督导小组，贯穿企业经营始终，并有来自掌握非财务数据部门的主管。要取得外部各方的信任，企业现行的内部控制框架需要覆盖到非财务信息。此外，要将非财务信息整合进现行的框架中，还可尝试在数据使用者和数据拥有者之间建立反馈机制，并对非财务信息提供鉴证。

3. 将企业战略与管理信息协调起来

企业战略的达成，是以输出或成果，或外部影响的形式反映在非财务与财务结果中的，而这些财务和非财务结果，要通过监测能够反映企业战略的关键业绩指标才能得到。在实际操作层面，将企业战略与价值驱动因素协调起来颇具挑战性。还要通过恰当的关键业绩指标形成管理信息。很多企业沿用的确实是标准关键业绩指标，但并未真正与企业独特的战略联系在一起。有效的业绩管理必须取得两者间的一致。

为了将企业战略转化为相应的管理信息（关键业绩指标），图8-7指出了需要提出并回答的问题：首先，需要清晰地理解，什么是企业的战略目标？企业擅长的哪些活动有助于战略目标的达成？其次，确定关键业绩指标时，要选择与战略目标相一致的指标，真正能说明企业正在做什么的指标，并在财务和非财务关键业绩指标之间找到平衡，并确保关键业绩指标之间相互联系，易于被企业各层面的工作人员所理解。再次，为团队和个人设立目标值，用于比照实际业绩。最后，为达到目标业绩，还需开发出具体的行动方案。

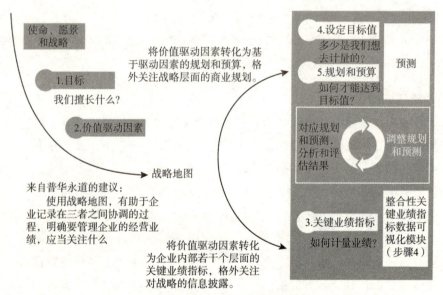

图8-7 协调战略与管理信息示意

资料来源：普华永道发布的《实施综合报告——新语言实践指引》（2015），经本书作者翻译整理。

有可能发生的情况是，即便企业已实施了将战略转化为关键业绩指标的措施，但依然没有找到适合收集非财务信息的方法。这还需要将战略、财务和可持续发展部门的人员团结起来，花时间学习彼此的语言。

（三）本阶段完成后的收获

在第一阶段中，分析了企业在哪里可能创造最多的价值。在第二阶段中，将第一阶段的分析结果，用于对利益相关者的价值定位。在第三阶段完成之后，企业已经看到应当如何将管理信息同企业战略协调起来，从而开发出一个有意义的业绩管理系统。

对于董事会来说，这阶段的挑战是如何避免形成太多的信息。如果执行或非执行董事收到 15～20 套不同的财务和非财务信息指标，一定不要大惊小怪。这个问题将在下一个阶段中解决。

五、编制综合报告的第四阶段

（一）要解决的问题

在第四阶段，如图 8－8 所示，要向所有部门解释清楚，企业战略如何向利益相关者传递价值？在前几个阶段中形成的管理信息，是否有助于董事会和其他决策者更加深刻地认识企业，能否依据这些管理信息做出决策？有适合的指标，用于评估外部影响吗？这些指标是否融入了关键业绩指标数据可视化界面？

（二）可采取的步骤

为了监测与利益相关者价值相关的管理信息，需要量身定制一个企业所特有的工具：关键业绩指标数据可视化界面。它需要能够说明企业战略形成了怎样的外部影响，如何为自身的关键利益相关者创造了价值，如何反映企业与外部世界的对话以及企业的使命和愿景。

目前，大多数企业需要发布多份的、各自独立的管理报告以及关键业绩指标，但却很少能从全局角度来说明不同元素间的联系。此外，现行的信息披露体系仍侧重于输入和输出指标，而非外部影响指标。但关键业绩指标数据可视化界面拓宽了信息披露的范围，它覆盖到整个价值链，但更侧重于利

图 8-8 编制综合报告的第四阶段

资料来源: 普华永道的《实施综合报告——新语言实践指引》(2015), 将本书作者翻译整理。

益相关者的价值。这个界面好比一把大伞, 将来自不同源头的信息聚集在伞下。为了聚集信息, 需要一个连接矩阵的辅助。这个矩阵将从头至尾地描述价值创造的过程, 说明不同元素是如何联系在一起的。由此, 管理层可以得到动态的信息, 能够看到历史业绩以及重要议题的未来趋势。图 8-9 是一个连接矩阵的示例, 它需要企业根据自身的环境条件而设计, 包含所有需要考量的要素。

连接矩阵的基础也就是综合报告的起点, 即重要性、价值和影响的反映。连接矩阵以利益相关者对话和重要性分析为起点, 说明如何在对话中辨别出重要议题, 如何反映在风险处理方式和企业战略中以及企业的外部影响是否反映了利益相关者的需求。连接矩阵能够映射出企业价值创造过程, 使企业更好地了解自身如何为利益相关各方创造价值。在连接矩阵中, 展示出的都是管理信息, 将财务和非财务因素、不同的部门联系起来, 使企业能够评估、计量自己为利益相关者创造的净价值。

利益相关者组群	核心重要事项	风险	战略目标	价值驱动因素	关键业绩指标	目标值	外部影响
期望 将企业的内外部利益相关者分成不同的组群	通过重要性分析分辨出与利益相关者相关的重要事项	从重要性角度会阻碍企业运营的风险	战略目标应当涵盖的重要事项	价值驱动因素确保战略的执行和风险的降低	监测战略执行和风险降低过程的指标	以取得短期和长期战略为目标的未来展望	超越投入输出,关注后果和外部影响,了解自身的碳排放
实例 • 员工 • 股东 • 供应商 • 等等	健康和安全	事件和事故	拥有最好的行业安全文化	工作的意识和开放的文化	• 损工伤害 • 致命事故	所有指标都是行业最佳	员工感觉安全,高度致力于安全
说明 利益相关者应当通过利益相关者分析图分辨出来。处理利益相关者关系应通过一个有规划的、定期的利益相关者对话进行。在很多企业内,这依然仅是临时流程。	尽管大多数企业都有成熟的风险评估,但被分辨出的风险可能与重要事项关系不大相关(直接或间接)。可能重新审视现行的风险评估。	企业战略是对利益相关者价值定位的回应,是管理决策,不需要涵盖所有的重要事项,尽管长期可持续发展的最佳实践都包含所有的重要事项。	确保在领先(投入)和滞后指标(输出)之间,财务和非财务指标、内部和外部指标、过程和外部影响指标之间取得平衡。	每个指标都应当设置目标值。因为关键业绩指标数据可视化界面中的所有元素是可以直接与重要事项联系起来的。	关键业绩指标数据可视化界面包括量化的外部影响信息。定性信息并不包含其中,但有助于解释量化信息。	

图 8-9 连接矩阵的示例

资料来源:普华永道发布的研究报告《实施综合报告——新语言实践指引》(2015),经本书作者翻译整理。

那么,该如何形成关键业绩指标数据可视化界面呢?

连接矩阵成为改进企业信息披露的基础,使企业更好地了解企业内部组成各部分间的联系与相互依存的关系。为了使这个矩阵能够运行起来,必须要有一套经整合的管理信息,即关键业绩指标数据可视化界面。形成关键业绩指标数据可视化界面,要以连接矩阵为核心,才能完成取得信息、设计连接、建立关键业绩指标数据可视化界面以及对内/对外信息披露四个步骤(见图 8-10)。

步骤	1.取得信息	2.设计连接	3.建立关键业绩指标数据可视化界面	4.对内/对外信息披露
活动	•明确目的、范围和团队 •评估现有关键业绩指标数据界面 •讨论使用者的需求和要求 •取得所有元素的信息，添加到关键业绩指标界面模式中	•确定各元素之间的相关性 •用数据分析考虑建立可能的联系 •分析空白处，确定填补空白的计划	•确定最终的关键业绩指标数据可视化界面 •在数据流动和来源系统之间建立联系 •建立关键业绩指标数据可视化界面	•执行使用说明，采用信息披露手册 •使用关键业绩指标数据可视化界面作为董事会会议的基础 •在对外信息披露中使用连接矩阵 •审核和采用
可交付的成果	基准评估	连接矩阵	关键业绩指标数据可视化界面	整合性决策和报告

图8-10　形成关键业绩指标数据可视化界面的步骤

资料来源：普华永道发布的《实施综合报告——新语言实践指引》（2015），经本书作者翻译整理。

在此阶段中，还需要注意一些容易犯错的地方。例如：需要从一开始就明确什么才是正确的目的、范围和团队。在成立综合报告团队时，确定该团队由来自企业不同部门的人员构成，包括利益相关者关系、风险、战略、业绩管理、价值驱动因素和信息披露等领域的专业人士，其中经验丰富的经济计量专家更是必不可少。在讨论关键业绩指标数据可视化界面的目标时，要考虑到所有可能的使用者，并将此界面与整个企业联系起来。同时，需要考虑到数据的可得性、确定价值创造流程的想法是否成熟以及与利益相关者对话的结果。建立一个可视化界面，需要不懈的努力，也需要经过时间的考验，但这种付出绝对值得。

成功经验表明，构建关键业绩指标数据可视化界面，是一个持续改善的过程，不可能在一年之内完成。但是，企业在第一个年间就能收获到实在的好处：即便没有形成关键业绩指标数据可视化界面，但连接矩阵已成为企业对外信息披露的核心，使企业能够用直观的富有洞察的方式解释价值创造过程，同时，也有助于处理与投资者和其他利益相关者之间的关系。此外，即便没有经过计量的外部影响，也为决策者提供了不可能被忽略的观察角度。最重要的是，董事会和其他决策方加深了为利益相关者创造价值的理解。对于决策者来说，能将所有信息披露组合起来，形成一个包罗万象的信息载体。仅这个明显的好处本身，应该就能够使企业有足够的动力去构建一个关键业绩指标数据的可视化界面。

（三）本阶段完成后的收获

那么，在第四阶段结束的时候，综合信息披露过程进行到哪里了呢？

企业已开发出了一整套直接联系到企业价值创造过程的管理信息，使企业能够更加有效地管理企业的外部影响，从而使得企业能够开发出支持高质量投资者对话的整合性信息。

这一阶段的完成，收获的最大益处，将体现在深入理解利益相关者价值和外部影响之间的关系上，整合性关键业绩指标可视化界面打破了部门的自行其是，减轻了企业信息披露的负担，协调了对内对外的信息披露，还对外部影响进行了总体计量，成为与利益相关者就企业价值创造进行交流的工具。

六、编制综合报告的第五阶段

（一）要解决的问题

在现行的报告体系中，有可能并没有任命跨部门的督导组。但在编制综合报告时，成立督导组十分必要。董事会需要向督导组清晰阐明企业的愿景，还需指定报告撰写人，从零开始，确定报告的范围和边界，然后使用连接矩阵作为"故事情节"。还要拟订一个交流计划，用于与投资者对话，从而提升年报的作用。

（二）可采取的步骤

在第五阶段之前，所有对外信息披露领域的准备工作，即便没有完全完成，都可视为"家庭作业"。这些准备工作将有助于提升企业对外信息披露以及投资者对话的质量。第五阶段将集中于如何将前期准备工作的成果集中起来，用于综合报告的撰写。

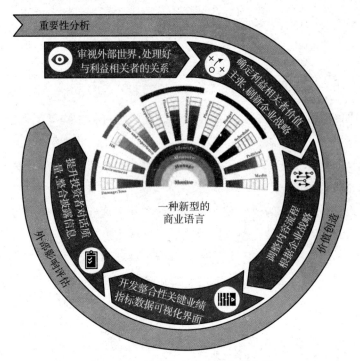

图 8 - 11   编制综合报告的第五阶段

资料来源：普华永道发布的《实施综合报告——新语言实践指引》（2015），经本书作者翻译整理。

1. 确保调整后的报告和管理流程正常运行

综合报告并不需要完全不同以往的报告流程，但调整后的流程，效率一定要高很多。成立跨部门的督导组，负责为综合报告团队确定该年度应当披露的内容。这个督导组还应当在报告写作和披露过程中，能够随时评估各个重要阶段的目标是否已经达到。督导组的成员构成应当来自包括来自战略、人力资源、内部审计、外部交流、投资者关系和最终形成报告的不同部门。

在此过程中，要避免遵从心理，因为如果仅仅为了遵从法律法规，综合报告不会为企业带来任何可持续的有形好处。因此，督导组可以董事会的名义，逐年持续地检验综合报告各阶段是否秉承了路线引导图的基础：重要性分析、价值创造和影响评估。

与此同时，要向先行者看齐，定期检查企业自身披露的信息是否与同行发布的报告具有可比性。信息的真正价值在于可比。当企业开始向综合报告迈进，发布的结果通常都是企业所特有的信息。这一点值得欢迎，但企业也需要考虑到，如此一来，是否失去了宝贵的可比性。

在此期间，还要在机构中任命掌控数据的人员。他们负责数据的收集、保证重要事项的信息质量，但需要注意的是，若将整个项目团队的责任都留给他们，他们可能会不堪重负。如果报告需要鉴证，需要与审计师讨论，确保鉴证要兼顾到报告流程和内容（报告的结构、范围和边界），确保审计计划与企业的鉴证需求协调一致，使综合报告的新结构与鉴证报告不致发生冲突。

2. 指定专门的撰写人

综合报告的撰写人，需要具有不同于传统年度报告撰写人的思维模式。撰写人需要接受全程训练，特别是将连接矩阵作为报告主线的训练，训练如何将矩阵转化为一则能说清楚企业价值创造流程的"引人入胜"的故事。

3. 从一张白纸开始报告内容

第一次撰写综合报告，要采取全新的方式，先需要避免的就是，从前些年的年报中复制和粘贴信息，即便那些信息依旧有用。此外，不要设想照搬以前的报告结构。当构思报告内容时，请从综合报告最佳实践中寻找灵感。报告内容的目录应当遵循连接矩阵的主线，可按照由"外部环境：与利益相关者的对话"→"机遇与风险"→"战略和资源分配：输入"→"商业模式：价值创造和商业活动"→"业绩：输出和成果"、"治理"→"未来展望"这样的顺序排列。

4. 将连接矩阵作为报告撰写的主线

综合报告展示的是利益相关者关系处理与企业外部影响之间的联系。然而，大多数所谓的综合报告最缺乏的是连通性：要么是缺乏利益相关者关系和战略及风险之间的联系，要么缺乏的是不同利益相关方的价值定位与不同外部影响间的联系。要尽量避免缺乏连通性的问题，需要把连接矩阵作为综合报告撰写的基础，从左至右逐一涉及。只有这样，报告结尾所披露的业绩和外部影响，才能始终与报告开头的价值创造过程联系起来。

5. 确定报告的范围和边界

在编制报告时，需要区分范围和边界、主线和报告内容。范围和边界不仅要符合报告指引，还要确保报告的相关性和简洁性。范围和边界需要在最初就确定下来，受督导组监督，从而避免包括相关性不强的内容。同时，还要避免"范围偏移"，毕竟企业不同部门希望披露的内容会有不同。参考重要事项确定报告的范围和边界，相关性不强的内容，可转移到附属文件或网站中。

6. 评估流程

综合信息披露是一个持续改进的过程。受访的 CFO 们和其他高管都认为，年度信息披露的好处是为企业提供了一个"反思时刻"。督导组评估针对的是事先已定义好的重要事件，判断目标是否实现，是否对未来目标形成了影响。同时，评估应当包括发展 IT 解决方案，用以协调对内的管理信息披露和对外的信息披露，在一个可视化界面中将管理信息同管理系统和流程整合起来。此外，评估过程还应当包括来自投资者和其他利益相关者的反馈，他们如何看待企业的报告，是否理解综合报告这一种新型语言，是否有益于提升与利益相关者对话的质量，等等。

这些成果要及时与董事会分享，确保董事会的支持与参与。董事会也应当考虑，综合信息披露和整合性管理信息在什么程度上加深了各方对企业的了解。

7. 开发一个提升信息披露质量的三年期计划

综合报告是一个持续改善的过程，需要时间和资源。因此，需要开发出将企业所有目标按照轻重缓急进行排序的三年期计划。

（三）本阶段完成后的收获

那么，在第五阶段结束的时候，综合信息披露过程进行到哪里了呢？在稳健可靠的业绩数据基础之上，企业已踏上综合信息披露的正途。

最后阶段的完成，使企业与投资者和其他利益相关者的对话更有价值；

与此同时，年报也成为持续改善企业信息披露、协调对内对外信息披露的牢固基础。

综合报告优秀实例

想从综合报告先行机构那里得到经验吗？请阅读普华永道的《踏上综合报告征程企业的报告综述》（PwC's Review of the Reports of organizations on the IR Journey, 2014）。欲阅读全文，可浏览 www. pwc. com/en_GX/gx/audit-services/publications/assets/pwc-learning-from-early-adopters-of-integrated-reporting.pdf。此外，还可以访问国际综合报告委员会的官网 http://examples. integratereporting.org/，在"综合报告案例数据库"中找到更多的先行报告实例。

第九章

综合报告，面对的现实挑战是什么

　　尽管综合报告在形成和发展过程中，得到了一大批专业机构和行业团体的有力支持，但要实现国际综合报告委员将综合报告"融入主流商业实践"以及成为"企业报告规范"的勃勃雄心，却面临着诸多根本性的现实挑战。
　　　　　　——《综合报告中影响编制者和审计师对重要性和简洁性
　　　　　　　　　判断的因素》（IAAER & ACCA，2016）①

　　毋庸讳言，"综合报告"概念一经提出，质疑之声就从未停歇过。根据美国管理会计师协会（IMA）发表于 2016 年 4 月的研究报告《综合报告》②，机构的综合报告之路大致可分为开始接受与践行两个阶段，而不同阶段所面临的挑战也会有所不同。如果说，在开始接受阶段，主要面对的是如何获得管理高层的支持、缺乏普遍接受的准则等问题的话，那么，在践行阶段，需要解决的就是如何做到重要性和简洁性兼备、如何保证非财务信息的质量以及如何解决综合报告所需的鉴证等问题了。这些现实问题，需要各方坐下来讨论，共同寻找解决方案，才可能凝聚继续向前进发的能量。

---

　　① IAAER 和 ACCA 于 2016 年发布的研究报告《综合报告中影响编制者和审计师对重要性和简洁性判断的因素》（Factors affecting preparers' and auditors' judgements about materiality and conciseness in Integrated Reporting，2016）。欲阅读全文，请浏览 http：//cn. accaglobal. com/ueditor/php/upload/file/20160829/74. ％20preparer％20and％20auditor％20－％20materiality％20conciseness％20IR. pdf。
　　② 美国管理会计师协会（IMA）发布的研究报告《综合报告》（Integrated Reporting，2016）。欲阅读全文，请浏览 http：//www. imanet. org/insights-and-trends/external-reporting-and-disclosure-management/integrated-reporting。

一、综合报告，如何获得管理高层的支持

做出高质量的决策，从未像如今这样重要过，或者说，这样艰难过。C 级高管们①，面对的是一个动荡的、充满不确定性的、复杂的和含混的世界，生意中断、企业倒闭已成常态，即便是相对成熟的商业模式，也时时处在威胁之下，还需要快速地做出战略决策。要使机构不但在短、中期内，还要在更长时期内保持基业长青，已变得越来越难。

全球特许管理会计师（CGMA）在 2016 年 2 月发布了研究报告《连点成线：新时代的决策》②，该研究是针对来自 16 个国家和地区 300 位高管的专访。研究发现，企业现行的决策模式存在着一系列重大缺陷，不但消耗巨大，而且已不适合当初设立的目标。在这样过气的模式中，C 级高管们每做出一项重大决策，都需要同官僚作风、内部分割、短视行为等内部顽疾做抗争。

（一）如何成为整合性思想者

有鉴于此，为摆脱困境，已有一些机构先行一步，接受了综合报告或全球管理会计原则（Global Management Accounting Principles ®），成为"整合性思想者"。这些机构推崇影响力、相关性、信任度和价值量的原则（见图 9 – 1），不但能够保证决策的质量，业绩出众，并且为有才及有为人士营造了一个充满吸引力和活力的工作环境。

接受综合报告，需要从 C 级高管们做出郑重承诺开始，因为，他们需要为最终传递给利益相关各方的信息承担责任。当然，董事会在其中起到的作用也至关重要，因为董事是由股东选举出来的。要赢得董事会和 C 级高管的大力支持，一方面需要用成功商业案例来强调综合报告所能带来的收益；另一方面，对践行综合报告，进行成本收益分析就显得十分必要（见表 9 – 1）。

---

① C 级高管们指的是 C – level，如 CEO，CFO 等。
② 英国特许管理会计师公会（CIMA）和美国注册会计师协会（AICPA）发布的研究报告《连点成线：新时代的决策》（JOINING THE DOTS – DECISION MAKING FOR A NEW ERA，2016）。欲阅读全文，请浏览 http://www.cgma.org/Resources/DownloadableDocuments/Joining% 20The% 20Dots% 20 – % 20Report. pdf。

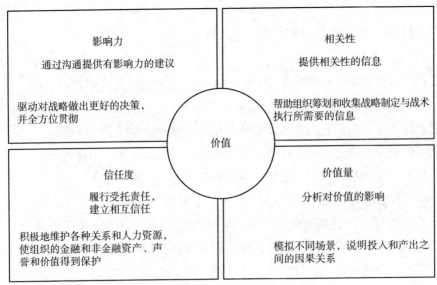

图 9－1　创造价值决策的整合性思维

资料来源：CGMA 发布的《全球管理会计原则——高效的管理会计：提高决策能力与创建成功的组织》（2014，中文版）。[①]

表 9－1　　　　　　　　　　接受综合报告的主要收益与成本

收益	成本
● 财务业绩与非财务业绩之间的关系更明晰，此种关系如何影响了价值创造	● 收集和分析新数据的准备成本
● 对可持续发展战略做出更佳的内部决策	● 为新信息系统资料数据投入的基础设施
● 在股东和利益相关者之间建立更深的联系和更好的关系	● 新的处理和控制系统
● 降低声誉风险	● 具备分析能力的人员
● 改善非财务信息计量和控制系统	● 第三方鉴证
● 更和谐的员工关系	● 专有信息披露成本和竞争性信息泄露成本
● 使关注可持续性发展的顾客更为忠诚	

资料来源：IMA 发布的《综合报告》（2016），经本书作者翻译整理。

（二）成本收益分析

从成本分析的角度来说，践行综合报告是一种看似昂贵的行为，因为，

[①] 根据 CGMA 发布的《全球管理会计原则——高效的管理会计：提高决策能力与创建成功的组织》（2014）的第一版整理。中文版译者为厦门大学管理学院沈艺峰、郭晓梅和林涛三位教授。

它可能需要投入更多的资源，甚至可能需要根本性地改变企业文化，还需要计量和分析没有被现行系统所包含在内的事项，且要确保数据精准，为此可能还需建立收集新数据的系统。更重要的是，综合报告还会带来新的术语体系（如，价值创造、资本，等等）和机构内整体的思维互动方式。

然而，从收益角度来看，践行综合报告可得到的益处会大大超出成本，特别是在整合性思维形成的过程中，机构内部的管理层与执行层之间会产生协同效应。除此之外，还有因减少需要披露的报告总数，也会节省成本。

接受综合报告前的最大障碍和困难，就是"那些过去从未评估、计量和管理的信息，该如何评估、计量和管理？"先行企业的做法，就是接受综合报告的相关"教育"，满足种种对综合报告的好奇。此外，利益相关者的需求，也能成为激发企业为新信息系统投入昂贵基础设施的动力。只有在高管的领导下，树立对综合报告的正确认识，才可能打破内部分割，加强部门间的相互联系。

二、综合报告，法定位置在何处

对于上市公司来说，企业年报所披露的信息，一方面受到股票交易所、公司法、会计准则以及国际《综合报告框架》等信息披露要求的制约；另一方面，还可能受到企业披露信息的惯常做法，或者类似全球报告倡议组织框架（GRI）等自愿信息披露准则的影响。虽然一些机构已发布了冠以"综合报告"的年报，也有企业在其年报或可持续报告声明，已开始遵循综合报告的一些原则，但大多数企业还是在疲于应付各种法定要求而发布多份报告（见图 9-2）。意欲接受综合报告的企业，常常面临着困惑是，在国家层面的法定企业报告体系中，到底该把综合报告确定在哪里才好？

一些机构的担忧是，若遵循了《框架》，却因披露了不同以往的新类型信息（或者说，前瞻性信息），可能要承担由此引发的法律责任。综合报告未来发展的前提，一定是其地位在各个司法管辖区域内得到了认可，此种认可的达成需要监管机构、信息披露主体及其利益相关者进行对话。可接受的方式有多种，从监管方不加干涉，到监管方的直接介入，并强制披露（如南非）。非财务业绩信息的披露，也可通过管理评议指引之类的文件完成。

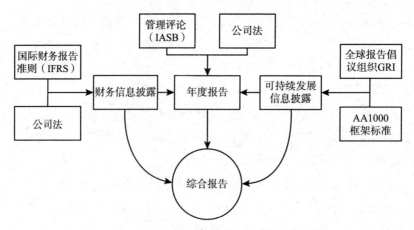

图 9-2　机构信息披露时可能涉及的框架/准则

资料来源：ACCA、IAAER 和 IIRC 发布的《影响综合报告编制者和审计师对重要性和简洁性的判断研究》（2016），经本书作者翻译整理。

例如，美国和加拿大的上市公司需要发布管理层的讨论与分析（MD&A）报告；澳大利亚上市公司则被要求发布经营评述和公司治理信息；英国上市公司要提交一份战略报告。十分清楚的是，只有借力于国家层面的监管机构，如证券市场监管方、财务报告准则制定机构和股票交易所，综合报告这一新生事物才可能拥有更具影响力的前景。从另一个角度来说，如果会计行业和代表着股东和投资者的相关机构能够更多地推广综合报告，其影响力也会得到大幅度提升。

目前的现实是，在众多先行企业开始发布综合报告的同时，还有更多企业并不打算接受综合报告，多数会以自身信息披露环境的特殊性作为借口。在未来发展中，如果综合报告在国家层面的法定企业报告体系中能够得到明确定位，那么，高管们在信息披露方面再也没有"避风港"，机构自然就开始接受综合报告，披露更多前瞻性信息了。

三、综合报告，重要性与简洁性如何兼备

重要性的重要，毋庸置疑，但越来越长、越来越复杂的企业报告，的确未能有效传达关键信息。在综合报告中披露对重要事项的理解，是践行综合报告最具挑战性的方面之一，管理层需要肩负回答这个核心问题的责任，即

"哪些信息是财务资本提供者最想得到的信息？"因此，各方对于综合报告的期待，聚焦于如何诠释重要性理念，并在重要性与简洁性间取得辩证统一，也就不足为奇了。

2016 年 8 月，ACCA 发布了一项受到英国特许公认会计师公会（AC-CA）、国际会计教育与研究学会（IAAER）和国际综合报告委员会联合赞助的研究项目的结果。① 该项研究历时 1 年多（2014 ~ 2015 年），汇集了来自 10 个国家的综合报告先行实践者们对信息披露内容重要性与简洁性的看法。此次研究，还创新性地采用了行为实验的研究方法，为综合报告中非财务信息重要性的判断和决策提供了实证论据。

（一）如何判定重要性

与财务报告和可持续发展报告准则最大的不同在于，综合报告不再注重历史信息，而采取了一种更侧重于未来的立场。《框架》为综合报告的编制者、审计师以及读者，提供了重要性的指导原则。它建议，在确定重要性的过程中，应当考虑到内外部的因素以及被利益相关者所关注的问题（重要性的进一步指导可见框架的 3D 部分，见表 9 - 2）。

表 9 - 2　　　　　　　　　　综合报告重要性确定过程

重要性	《框架》总体要求	《框架》具体要求
辨别	基于影响价值创造能力大小确定相关事项（见 3.21 ~ 3.23 段落）	3.21 相关事项是对机构的价值创造能力具有或可能具有影响的事项。通过考虑对机构战略、治理、绩效或前景的影响，确定此类事项。 3.22 通常，在治理层会议上讨论的、与价值创造有关的事项被视为相关事项。理解关键利益相关者的视角对识别相关事项具有重要意义。 3.23 短期内相对容易处理的事项，但如置之不理，则可能在中期和长期变得更加具有破坏性或更难处理，此类事项也需包括在相关事项中。不能因机构不愿处理或不知如何处理而将事项排除在外。

① IAAER 和 ACCA 于 2016 年发布的研究报告《综合报告中影响编制者和审计师对重要性和简洁性判断的因素》（Factors affecting preparers' and auditors' judgements about materiality and conciseness in Integrated Reporting, 2016）。欲阅读全文，请浏览 http://cn. accaglobal. com/ueditor/php/upload/file/20160829/74. %20preparer%20and%20auditor%20 - %20materiality%20conciseness%20IR. pdf.

续表

重要性	《框架》总体要求	《框架》具体要求
评估	根据对价值创造的已知或可能影响，评估相关事项的重要性（见3.24~3.27段落）	3.24 并非所有相关事项都将被视为重大事项。从对价值创造具有已知或潜在影响的角度看，一个事项需要足够重要，才能包括在综合报告中。这包括评估事项影响的严重程度，如果不能确定事项是否会发生，则还需要评估其发生可能性。 3.25 评估影响的严重程度时，应考虑事项对机构战略、治理、绩效或前景的影响是否严重到有可能对机构持续价值创造产生重大影响。这要求做出判断，并将取决于该事项的性质。重大事项可以是单独一个事项，也可以是多个事项的组合。 3.26 评估事项影响的严重程度并非意味着需要将影响予以量化。根据事项性质的不同，定性评估可能更为适合。 3.27 评估影响的严重程度时，机构考虑： • 定量和定性因素； • 财务、经营、战略、声誉和监管角度； • 影响的区域（无论是在机构的内部，还是外部）； • 时间跨度。
排序	根据相应的重要性排列出重要事项的优先顺序（见3.28段落）	3.28 一旦确定重大事项的总体，按照其严重程度进行优先排序。这有助于在确定如何报告时，侧重最重要的事项。
披露	确定披露重要事项的信息（见3.29段落）	3.29 在确定如何在综合报告中适当披露重大事项时，应运用判断。这要求从不同的内部和外部视角进行考虑，并且经常与财务资本提供者和其他方进行沟通，以确保综合报告符合第1.7节中所述的主要目标。

资料来源：国际综合报告委员会发布的《综合报告框架》（中文版，2014）。

为了得到来自综合报告编制者们对于"如何用简洁的方式披露重要信息"的真实看法，研究小组与来自6个行业和10个国家或地区的15位公司员工代表进行了一系列面谈，这些企业有的来自于国际综合报告委员会的报告数据库企业，有的则参与了"《综合报告》企业网络项目"。尽管有受访者说："确定重要性，还没有一个简单的系统方法。"但很多机构还是形成了一个由辨别、评估、排序和披露四个步骤构成的重要性确定流程（各步骤之间会有重合），见表9-3。

表9-3 重要性的判定——来自编制者的观点

确定流程	来自编制者的观点
辨别	• 与利益相关者会面（多数为综合报告的"外部读者"，例如，股东/投资者/会员/员工/顾客/同行/政府机构/监管方） • 请利益相关各方，根据对自身的重要性，为议题做出优先排序 • 聘请顾问通过面谈或调查收集数据 • 通过审阅媒体评论发现重要事项
评估	• 形成重要性矩阵，以对利益相关者的重要程度为一个坐标轴，以对企业的重要程度作为另一个坐标 • 分配权重 • 比较实际数据与目标数据 • 考察同行和其他行业内领头企业的信息披露实践
排序	• 对利益相关方的反馈进行内部审核 • 用来自内外部的反馈确定重大事项 • 考量每个事项对本期的相关性以及相关性是否已改变
披露	• 依据几个步骤得出的结果，确定应披露什么，在哪里披露 • 在管理层确定方向 • 考量战略风险和经营风险 • 向咨询顾问征询信息披露建议

资料来源：ACCA 和 IAAER 发布的研究报告《影响综合报告编制者和审计师对重要性和简洁性的判断研究》（2016），经本书作者翻译整理。

  面谈过程中，企业代表描述了确定企业报告内容的过程，即确定一条信息是否重要？是否应当在报告中披露？在回答中，出现频次最高的是"重要性"和"利益相关者"，然后才是"财务的"、"战略"和"风险"，很少提及"价值创造"和"资本"。值得注意的是，预想中可能出现频次最多的"判断"和"优先排序"，被提及的次数并不多，同时，框架在提到确定重要性时所涉及的量级或可能性也不大常见。

  此研究项目的亮点是包含其中的一项行为实验，要求编织者和外部审计师基于自身编制或审计企业年报的经验，确定影响他们对重要事项做出判断的因素。实验参与者的任务是，审核一些事项信息，确定它们是否重要到足以包含在企业年报之中。实验结果表明，参与者将那些对价值创造能力影响大的、发生可能性也大的相关事项判定为重要，反之亦然。与预料的结果相同，参与实验的人员往往会认为财务事项更重要，与环境和社会事项相比，财务事项与价值创造的关系也更为紧密关联。表9-4汇总了参与面谈的代表最具代表性的回答。

表9-4	影响重要性判断的因素
	编制者的回答
辨别	• "确定一件事项是否重要，我们会看这个事项对利益相关者以及对企业运营的重要性，对我们实现自身愿景会产生什么样的影响。" • "对于重要性，我们首先会问，它将如何影响企业？然后，再问三个问题：它会影响到利益相关者做出的决策吗？对企业的运营会构成比较大的风险吗？此事项重要到会阻碍我们达成既定的战略目标吗？" • "会对企业的运营构成大的风险吗？此事项重要到会阻碍我们达成战略目标吗？" • "重要性，就是对企业的影响。例如，我们会认为，员工关系是重要的，因为我们所拥有的智力资源是企业创新的关键，也是我们成功的关键。" • "我们会与内外部相关人群沟通交流，精确指出哪些是关键而相关的议题，是重要的方面，而且要经过董事会的确认。" • "我们雇用了一家独立的咨询公司，向顾客、同行、政府机构和监管方等利益相关各方征询，哪些信息是他们需要的，哪些是需要改进的。我们同时也会请求他们，审核一系列我们依据对利益相关各方重要程度而提出的议题。" • "在过去的这些年里，我们一直在金融服务业市场中跟进媒体特别关注的议题。同时，还会关注其他金融服务提供者或同行正在关注的重要事项。"
评估	• "我们经过对内对外征询意见，形成一个重要性矩阵，用于辨别重要事项，并分配相应的权重。" • "来自企业社会责任、财务部门的人员，与公司风险管理经理和CFO坐在一起，切实讨论价值创造过程和报告结构，究竟什么是我们想披露的，什么是不想披露的。" • "咨询人员建立一个很多公司都在采用的'连续性表格'模板。在这样的矩阵中，将关键利益相关各方和关键重要议题放入利益相关者组，再放入重要议题的价值驱动因素，与此相关的战略目标和关键业绩指标。" • "我们向监督可持续发展议题的可持续发展委员会许下承诺：隔几个月就会基于对内对外的投入审核一次重要性评价办法。" • "我们每年都会搜寻灵感，研究其他公司在披露什么，趋势是什么？"
排序	• "我们将关系管理中出现的议题进行优先排序，然后将这些议题置于不同的关注领域中，并抽出应当包含在报告中的议题。" • "我们通过比较来自内部管理委员会和外部利益相关者、媒体和竞争对手的、针对重要事项的反馈，成为最终确定披露的事项基础。" • "通过顾客满意度调查或利益相关者关系管理，用战略风险评估、经营风险和从利益相关者关系管理中得到的反馈信息，将重要性评判过程提升到一个高层次组群。所有组群聚合到一起，对如何在一定时间跨度内创造价值做出优先排序，并将其画出流程图来。"

由于"相关和重要"的事项，相对于每个企业来说是不一样的，因此，企业需要谨慎地开发出一套如何定义重要事项的流程，流程要涉及确定哪些

是利益相关方，如何取得各方的投入以及如何给这些议题和读者分配权重。

（二）如何达成简洁性

《综合报告框架》呼吁企业披露的信息是简练的，即"要包括为理解机构战略、治理、绩效和前景提供充分的背景信息，并避免冗余。"关于简洁性的进一步指导可见框架的 3.38 部分（见表 9－5）。

表 9－5 简洁性的确定过程

简洁性	《框架》总体要求	《框架》具体要求
3.36 综合报告应简明扼要	3.37 综合报告为理解机构战略、治理、绩效和前景提供充分的背景信息，并避免冗余信息。	3.38 机构在综合报告的简练和其他指导原则（尤其是完整性与可比性）之间取得平衡。为实现简练，综合报告应： • 应用 3D 部分中介绍的重要性确定流程； • 采用合理的逻辑结构，适当包含内部交叉引用以限制重复内容； • 链接至不常更改的详细信息（如，子公司清单）或外部信息来资（如，政府网站有关未来经济状况的假设）； • 尽可能以简明扼要的措辞清晰阐明概念； • 尽可能使用通俗的语言，避免行业术语或高度技术性术语； • 避免过于宽泛的、对机构不具有针对性的表述，即样板化的表述。

资料来源：国际综合报告委员会发布的《综合报告框架》（中文版，2014）。

要达成简洁性，受访者提出了各自的看法，可归结为三个步骤：过程，企业为达成报告简洁性所需的过程；结构，企业报告目标和用于达到此目标所运用的工具；判断，为取得简洁性而需判断的事项（见表 9－6）。

表 9－6 达到简洁性的因素——来自编制者的观点

达成简洁性的步骤	来自编制者的观点
过程	• 确定披露信息所涉及的方面以及每方面特定的目标 • 运用特定的流程确定披露信息的内容 • 采纳信息披露一般原则：透明、一致、完整和精准 • 修改和改写

续表

达成简洁性的步骤	来自编制者的观点
结构	• 在报告中，清晰分割出每个部分 • 用内容目录，画出清晰的故事主线 • 用联系和交互参照，避免重复 • 整合报告的不同部分 • 高水准的报告，包含着能获得额外信息的链接 • 有严格的字数限制（或阅读时间限制） • 简化使用的文字 • 呈现重要性的方式，是能够辅助读者吸收重要信息 • 在不同的报告间取得一致
判断	• 强调关键议题或重要事项 • 抓住议题的关键，而不是深入研究议题的每个方面 • 选择被讨论的关键业绩指标 • 披露关键业绩指标，保证披露信息的严谨性 • 将重要事项与企业战略和价值创造过程联系起来 • 将讨论部分与企业战略计划协调一致 • 尽力满足读者需求，避免勾选空格的方式

资料来源：ACCA 和 IAAER IIRC 发布的《影响综合报告编制者和审计师对重要性和简洁性的判断研究》（2016），经本书作者翻译整理。

四、综合报告，其中的非财务信息该如何计量

对于相信计量很重要的报告编制者来说，似乎能够确定的是，对非财务信息的计量应当有不同的选择，货币化是选择之一，将环境背景包含在内的记分卡是其中的另一种选择。然而，纯货币化显然忽略了环境背景，并不一定能够被利益相关者或更广泛的公众所接受。此外，由于并不是所有机构创造的价值都会出现在试算表里，因此，高质量的描述性信息披露，对于非财务价值创造也至关重要。不过，非财务信息到底该如何计量，鉴于这一领域还未达到成熟，因此，下一步将如何发展，似乎还言之过早。

不过，会计行业的几大机构对此领域的探索已走在了前列。安永、毕马威、普华永道和德勤，先后对综合报告的未来发布了种种述评。总的来说，都指向一个方向，即货币化。然而，这意味着什么呢？本质上来说，这意味着将直接的定性和定量成果披露向前推进了一大步，即给非财务资本设定一个财务价值，如此一来可以将其列入上市公司的财务报表中。最为著名的实

例就是，法国奢侈品集团 Kering（开云）旗下的运动品牌 PUMA，直接设置了环境损益账户。

安永在其 2014 年发布的报告《综合报告：提升价值》[1] 中，将货币化设定为机构势在必行的下一步。与此同时，货币化也是毕马威"真实价值"方法的核心组成。此外，普华永道倡议将"价值用能够理解的商业语言"表达出来。毫无疑问，这是一个重要的方向。毕竟，国际综合报告委员的终极目标是改变投资决策所依据的信息内容，将资金逐渐抽离不可持续发展的机构。

然而，很多参与货币化的人也承认，这并不是一个一蹴而就的过程。难点在于，它需要预设一些关于"这个世界是如何运行的？"的假设，这相当不易，且很难做到万无一失。此外，单就股价角度来说，很多机构作为既得利益者，满足现状，即便对环境资本造成了极大的负面影响，也很难想象这样的机构会同意将非财务资本货币化。这将是一个大问题：如果机构不提供此类信息，投资者将无从比较，也不可能做出相应的决策。如此一来，唯一可行的解决办法只有依靠政府，施加对负面影响定价的办法，然而，这样的办法毫无疑问会引起高度争议，执行成本也将十分可观。

因此，广泛地货币化，在目前来说似乎还只是一个遥不可及的愿望。尽管如此，还需要问问信息披露领域先行者们，货币化真是他们真心追求的吗？这些专注于此的思想家们，可能不再了解一个事实：将财务资本置于六类资本的顶端位置，并将其他五种资本粗略地置于财务资本的模子中，这是与可持续发展信息披露运动所倡导的精神背道而驰。很多人不相信，一家机构所做的每一件事都可以被简化为一堆冰冷而现实的货币。例如，在不考虑大气吸收碳排放终极极限的情况下，排放物的货币化有可能通过讨价还价而得到某种平衡。然而，大气的吸收能力并不只是越来越贵而已，而是它的承受力是有极限的。

Mark McElroy[2] 极力反对不考虑资源背景的货币化，倡导"多资本记分卡"方式。这种方式涉及量化六类资本（但非货币化），连同三重底线（社

---

[1]　安永发布的研究报告《综合报告：提升价值》（Integrated Reporting：Elevating Value，2014）。欲阅读全文，请浏览 http://www.ey.com/Publication/vwLUAssets/EY‒Integrated-reporting/\$File/EY‒Integrated-reporting.pdf.

[2]　总部设在美国的可持续组织中心的创建人和 CEO。

会、环境和财务）结果，提供一个全局性的、包含环境背景的价值创造图。不过，尚需时日去证明这是能够更好替代货币化的方式。

五、综合报告，需要什么样的鉴证

只有确保综合报告中的信息，如财务报告中的信息那般真实可靠，又兼具可比性，才能真正实现综合报告的价值。而财务报告的真实可靠性，来源于独立的第三方的审计，由第三方确定财务报告是否遵循了相关的会计准则；而可比性则源于所披露的信息是否依据了相同的会计准则和审计程序的事实。因此，综合报告要具有同样的真实可靠性和可比性，取得相应的鉴证意见是十分必要的。目前，大部分综合报告的鉴证意见还停留在"消极保证"方式，如，"报告中没有重大的错误"。然而，综合报告所需的理想鉴证应是"积极保证"方式，即"该公司公允呈现了必要信息"（美式），或是"必要信息得到了真实和公允的呈现"（国际化）。

因为综合报告的价值日益得到广泛认可，准则指定机构、报告编制者和使用者开始积极寻求综合报告被正式鉴证的可能。在此背景下，在同18位资深的南非审计师和鉴证专家深入面谈后，英国特许会计师协会（ACCA）南非分会发布了一份研究报告《综合报告面对的鉴证挑战：来自南非审计业的观点》。[①] 这份报告将受访者的观点汇总如下。

鉴证将为综合报告增加附加值，因为报告的可信度得到提升、董事会成员履行了监督和审核的职能。然而，要使整份综合报告成为鉴证对象，仍存在一些技术上的难题，包括暂时还很难开发出适合综合报告的鉴证指标、传统审计团队的技能有限以及信息披露机构的记录、系统和控制也不够充分。这还没有将可能昂贵无比的鉴证成本（哪怕是有限鉴证）以及审计师额外的风险负担考虑在内。因此，目前，只有综合报告中的特定部分（主要是一些事实披露，没有附带管理层评述和前瞻性信息），是鉴证的对象，而抽象的、解释性的、预测性的或定性信息，因过于主观，还不能成为哪怕是有

---

① 英国特许会计师协会（ACCA）南非分会发布了的研究报告《综合报告面对的鉴证挑战：来自南非审计业的观点》（The Challenges of Assuring Integrated Reports: Views from the South African Auditing Community, 2015）。欲阅读全文，请浏览 http://www.accaglobal.com/content/dam/ACCA_Global/Technical/integrate/ea-south-africa – IR – assurance.pdf。

限的或合理的鉴证对象。60%的受访者因此感到失望，在他们看来，鉴证应当覆盖全报告。与此同时，对现行鉴证实务最大的担忧是，对综合报告的不同要素，不同类型的职业会给出不同的意见。这似乎加大了"审计期望差"，也增加了报告使用者过度依赖经过鉴证报告的风险。此外，针对综合报告，基于流程的审计本是可行的方式，但终因信息披露机构的系统和控制未经充分记录而不具可行性，而且，也没有适合的指标来描述和评估控制环境。需要指出的是，缺乏适合的指标体系可能是综合报告鉴证的最大障碍。

对于南非审计界提出的综合报告所面临的鉴证挑战，ACCA南非分部也提出了相应的解决建议。短期内的解决方式是，针对综合报告中能够成为鉴证对象的那部分，开发出一组指导原则，使之成为描述如何提供某重要组成部分鉴证的基础。这可以由审计师完成，也可以由负责治理的部门完成。从长期来看，如果可能的话，定义一个可供选择的鉴证模式，不一定对其遵从《框架》的程度表达意见，但至少要提供一个类似于面板之类的东西，供适合的专家审核。然而，这样做可能带来的风险是，这种新型的鉴证形式不可能等同于财务信息的审计，甚至在某种程度上来说，还保持或扩大了"审计期望差"。因此，在改变现有的鉴证模式之前，应当给机构充足的时间去完善综合报告，管理好与利益相关者的关系，从而确定自身真正需要的是什么程度的外部鉴证。

审计事务所，其实也能够成为综合报告潜在的受益者：可在独立性范围之内，帮助客户开发出综合报告系统和最佳实践，而企业也可以为综合报告寻求鉴证。虽说审计师们在为企业社会责任报告和可持续发展报告提供鉴证的过程中，或在审核管理评议与财务报表之间是否存在重大不一致时，积累了一定的经验，但在为综合报告提供鉴证时，依然面临着诸多挑战。鉴证过程会提升内外部利益相关方对综合报告的信心，同时，审计师的介入会起到促进综合报告实践标准化的作用。然而，国际综合报告委员会还需做出更多说明工作，说明审计师和鉴证提供者能够确保企业在综合报告中所披露的信息，是准确和公正的，也是完整、可比和透明的。

此外，鉴于在综合报告领域已取得的相关经验，一些审计师事务所可抓住绝佳机遇，为其他事务所提供审计、鉴证以及内部数据收集控制系统等方面的培训。与此同时，由于很多准则制定机构、监管方和其他机构开始参与综合报告之中，经验丰富的审计师们可为修订适合的指引做出贡献，最终促进综合报告的发展。如此一来，审计师和行业协会以参与指引文件的修订以及提供相关的教育和培训的方式，支持和指导了综合报告的发展，将有助于高管和董事们相信，对信息披露系统的投入将产生高质量的信息，满足相关方的信息需求。

六、综合报告，如何应对机构的复杂与使用者的期待

一些企业很享受综合报告领域先行者的地位，并积极分享发布综合报告的经验。与此形成鲜明对比的是，另一些企业却不大情愿参与其中，因为，综合报告能带来的好处尚不明晰，或者，情愿沉浸在当前状态下的既得利益中。有些受访者指出，用一份报告满足各种读者的需求，太具挑战性了。然而，需要指出的是，《框架》清晰地指出，综合报告的主要读者是财务资本提供者。为了使综合报告获得成功，如何将主要读者的信息需求同其他利益相关方的信息需求统一协调起来，可能还需要进一步的说明。有的企业表示，尽管在努力尝试遵循综合报告的原则，但因企业在全球范围内的经营及布局所带来的复杂性，使得发布一份简洁的报告变得十分困难。

利益相关方的期望，可通过各种报告的目的解释和报告内容来管理（见图 9-3）。企业可利用自己的官网，提供进入其他报告和支撑文件的链接。如果有些读者想了解更多特定信息的话，这些链接会为综合报告中提到的事项提供细节信息。此种互动型的报告更具时效性，也更符合个体的信息需求，应当不会沦为另一份不被投资者专心阅读的报告。

此外，还有人认为，相对自由的综合报告，之所以能来诸多好处，是因为综合报告在很多国家尚未受到特别监管。未来需要面对的挑战是，如何在指导原则和法律规定之间找到那个对的平衡点，从而使机构自愿披露透明和平衡的信息，彻底摆脱遵从思维，这恐怕还需要各国政府在国家层面来推介。

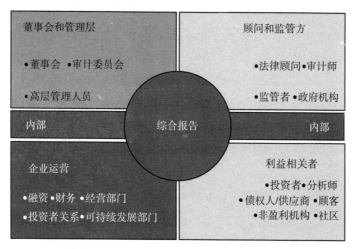

图9-3 编制综合报告的内外部参与各方

资料来源：ACCA 和 IAAER 发布的《影响综合报告编制者和审计师对重要性和简洁性的判断研究》（2016），经本书作者翻译整理。

综上所述，综合报告在种种旨在改善财务和非财务信息披露倡议中，得到了长足发展。然而，如何解决先行机构们所经历的种种困惑，使之真正成为信息披露领域的主流，还有待于发布综合报告的企业、准则制定者、监管方和其他希望通过运用综合报告原则而提升企业信息披露质量的各方共同努力，尽快找到可能的解决方法。特别是，关于综合报告的学术研究已开始涌现，但为数有限，远未普及和推广的综合报告实践，一方面限制了相关学术研究所需的数据；另一方面，也需要相关学术研究结果的助力。

 你，知道吗？

CGMA 是什么机构？

全球最负盛名的两大会计组织——美国注册会计师协会（AICPA）和英国皇家特许管理会计师公会（CIMA）联合推出了全球特许管理会计师（CGMA）专业称号，旨在建立与提升公众对管理会计行业的认可度。该机构认为，唯有严于律己、技能出众、富有才华、勇于承担责任且能推动企业业绩发展的管理会计师，才能获此专业称号。全球特许管理会计师称号的获得者，必须是具有管理会计经验的美国注册会计师（CPA），或英国皇家特许管理会计师公会的普通会员或资深会员。

Charles Tilley，CGMA研究基金会的行政主席，任国际综合报告委员会董事会主席的高级顾问。

第十章

综合报告，在公共行业是否可行

公共行业的组织机构，往往肩负着向公众提供服务的重任。与此同时，提供服务的方式被期望是盈利的、经济的、对社会友好的、环保的且可持续的，并保持着卓越的内部治理。综合报告有助于公共行业的机构，在这些看似冲突的目标间达成平衡。

——《在公共行业采纳综合报告原则》（毕马威，2013）①

面对一系列怀着不同期望的利益相关者，公共行业的组织机构常常处在如何提升信息披露质量的压力之下。综合报告可以为此提供解决之道。国际综合报告委员会（IIRC）联合英国特许公共财政及会计学会（CIPFA），在世界银行的支持下，就此议题展开了研究，并于近期发布研究报告《聚焦于公共行业的价值创造》②，旨在向该行业的管理者阐明，整合性思维和综合信息披露如何有助于公共行业更好地利用资源？同时，向利益相关者解释，机构在如何创造短期和长期的价值，为达成战略目标而努力？此报告在强调了《综合报告框架》中核心概念的同时，还提供了公共行业内的优秀案例。

---

① Mark Hoffman 为南非毕马威撰写的研究报告《在公共行业采纳综合报告原则》（Applying Integrated Reporting principles in the public sector, 2013）。欲阅读全文，请浏览 https：//home. kpmg. com/xx/en/home/insights/2013/04/integrated-reporting. html。

② 国际综合报告委员会（IIRC）和英国特许公共财政及会计学会（CIPFA）的研究报告《聚焦公共行业的价值创造》（Focusing on value creation in the public sector：An introduction for leaders, 2016）。欲阅读全文，请浏览 http：//integratedreporting. org/wp-content/uploads/2016/09/Focusing-on-value-creation-in-the-public-sector_vFINAL. pdf。

一、综合报告，在公共行业是否可行

现如今，组织机构的复杂性日益增加，特别是拥有最多超大型组织机构的公共行业。从信息披露角度来说，它们往往也是最大的信息披露主体，受到更严苛的监督，被要求具有更高的透明度，说明如何有效地使用了资源和资金。事实表明，仅仅依赖资产负债表中的会计事项，已经不大可能说清楚公共行业内的投资了。

将近1/3的国内生产总值（GDP），是由公共行业贡献的，然而，对它的投资，需要确保基础设施有效率、教育机会公平以及医疗保健体系稳定可靠。从多角度来看，正是对公共行业的投资，才能形成全社会创造财富的基本条件，为当代和未来的几代人铺好成功之路。

公共行业的领头人们，正在寻找强有力的交流工具和准则，用于有效的资源分配和受托责任的交流。此种交流绝不仅仅是"保持透明"，而是确保所有的利益相关方能够理解组织机构是如何在短期、中期和长期创造价值的。

（一）有助于说明自身正在创造的价值

只关注历史财务信息的传统信息披露框架，不再适合于现代的、多向度的公共行业组织机构。在一个时间和资源皆稀缺的时代，公共行业的组织机构不仅需要满足各方的短期需求，拓宽与外界的沟通渠道，还需要持续不断地就自身所提供的服务和创造的价值进行说明。

综合报告的模式有助于达到这一目的，同时，还能够赢得关键利益相关者的信任和肯定。综合报告是多个参与其中的全球机构共同合力塑造的产物，这其中包括监管机构、商业和公共行业领袖、准则制定方、投资者、会计行业和非政府组织（NGOs），等等，共同驱动着机构信息披露领域的演变，从而支持全球可持续性发展以及金融的稳定。

可喜的是，全球有超过1000家的公共行业组织机构，参与了全球综合报告试点项目，遵循国际《综合报告框架》，与利益相关各方交流着自身的价值创造故事。

（二）有助于讲述价值创造故事

《框架》侧重于披露组织机构的主要目标，使机构能够阐明自身的战略、经营模式和治理结构，以及如何取得与战略息息相关的业绩。同时，综合报告还用来说明，不同利益相关者的需求（往往还会相互冲突）是如何达成平衡的。此外，综合报告还能够将风险、机遇与管理层的受托责任统一协调起来。《框架》是原则导向的，这使机构能够根据自身独特的战略、目的和目标，创造性地开发出一份综合报告。这意味着，组织机构可以从机械地遵从各种法定规则披露信息中解脱出来，就自身是如何创造价值的议题进行真正意义上的互通和交流。

一份综合报告仅是机构整合性思维、规划和信息披露的最终产物，但披露综合报告是一个基于整合性思维的信息披露过程，通过整合性思维，使机构内部人员形成共识，用统一的语言，使部门分割最小化，在机构内部形成有效的信息流。

（三）有助于公共行业实现收益

公共行业组织机构领袖们正积极发掘践行综合报告可能带来的好处。Black Sun 在《实现收益——综合报告的影响》[①] 中对 60 家践行综合报告组织机构的调查结果表明：92% 的受访者认为，综合报告改善了领导和员工两个层面对业绩和价值创造的了解，且增强了与外部利益相关方关系的基础；79% 认为，决策的改善带来了可持续的成果，这主要归功于内部管理信息的改善（84% 这样认为）；87% 发布了综合报告的机构认为，财务资本提供者对机构战略形成了更为深入的了解；有 96% 的受访者认为，即便组织机构在阐明自身短期观点时，也能够将这些观点与更广阔、更长期的远景紧密联系起来。

企业报告实践的变化不可能应对所有 21 世纪面临的挑战，但国际综合报告委员会，包括世界银行等机构都郑重承诺，无论形式与大小，都会以市

[①] Black Sun 的研究报告《实现收益——综合报告的影响》（Realizing the benefits：The impact of Integrated Reporting, 2014）。欲阅读全文，请浏览 http：//integratedreporting. org/wp-content/up-loads/2014/09/IIRC. Black_. Sun_. Research. IR_. Impact. Single. pages. 18. 9. 14. pdf。

场为导向，为全球所有组织机构提供信息披露领域内的支持，哪怕是最微小的改变。2015 年，众多与综合报告相关的项目已经启动，而且这些项目因财务上的可行、更具可持续性而吸引了来自全球的关注。例如，全球永续发展目标（the sustainable development goals）和第二十一届联合国气候变化大会（COP21）已经表明，公私组织机构们需要在世界巨变之时联起手来，向公众传递他们最需要的令人振奋的成果。

二、综合报告，对公共行业来说是怎样的

公共部门的组织机构，往往肩负着以盈利的、经济的、对社会友好的、环保的且可持续的方式向公众提供高质量服务的重任。对公众所托付的责任，最为重要的是如何长期保持对外交流的透明度。

传统的年报只讲述故事的有限片段，"省略"了政府或公共服务所能带来的影响，以及如何做好准备迎接未来挑战等重要内容。针对这种局限，《框架》将整合性思维与信息披露结合起来，帮助高管层获取更多的洞见，形成更为整合的战略，更好地执行各种计划，取得更有效率和更丰硕的成果。

（一）公共行业所面对的特有挑战？

公共行业的组织机构面临着更多的挑战，这是由该行业的特性所决定的：从事的活动相对复杂、牵涉太多不同的利益相关方、需要做出长期规划、资源稀缺以及创造更广层面的价值。

1. 为更多的利益相关方服务

在全球的大多数国家和地区，公共花销往往都占据着国内生产总值很大比重，而公共领域的机构在其中充当着主要雇主和资本市场参与者的角色，因此，责任重大。公共行业组织机构为公众利益服务的途径包括：遵从法律法规，通过税收或支付社会保障金，实际控制国有企业等主体，对收入进行再分配。对于政府来说，还负有保证公平、和平和秩序以及祥和的国际关系的责任。

此类活动的性质，决定了公共行业组织机构要对更多的利益相关方负责，包括纳税人、接受服务的人群、议会、法律制定机构以及市场。同时，利益相关各方还期待公共行业组织机构，对于如何做出决策，由谁来做出决策这一类的问题，更加透明和开放。此外，公共行业机构如何有效使用资源，如何保持最高标准的可信度，也被公众所关注。

2. 用可持续性成果提供综合服务

公共行业组织机构的治理层，常常会面对艰难的战略决策：如何将各种方式结合起来取得最理想的结果，实现经济、社会和环境的综合收益，特别是在面对相互冲突的一系列利益时。因此，公共行业的组织机构，需要强有力的决策机制，在有限的资源和理想结果之间取得最好的平衡，确保达到预定的大团圆结局。除此之外，这套机制能否有效地可持续运转也至关重要。

3. 在传递短期看法时，保持长期视角

公共行业组织机构的责任往往是长期的。因此，需要机构仔细定义和规划结果，确保运转的可持续性。例如，财政的代际特性意味着，今天做出的决策，可能会成为未来几代纳税人和接受服务人群的负担。未来的公民有权继承更为完善的服务，以及管理更为良好的公共财政体系。

4. 展示出财务之外的可持续价值

大多数公共行业的主体，初始目标是为公众服务，而非赚取利润，也不是回报股权投资者。然而，这些机构的业绩，也要部分地通过财务状况、财务表现和现金流来检验。现行的报告体系，只能部分地回答机构"如何处理可能的挑战？""如何继续为公众服务？"以及"如何支持所在社区？"等问题。

（二）综合报告，是解决之道吗

综合报告所拥有的品质和力量，能够支持公共行业组织机构应对挑战，包括一系列平衡利益相关者之间的利益关系、考量不同类型的投入、聚焦于长期的价值创造以及对非财务信息价值的认可。

1. 支持更广泛利益相关者基础的受托责任

一份综合报告，能够清晰阐明机构与关键利益相关者关系的实质，包括机构如何理解、考虑和回应各方的法定需求和利益，以应对相互冲突的利益相关者利益，对受托责任进行说明。因此，所有对机构长期创造价值能力感兴趣的利益相关方都会受益于综合报告，包括员工、顾客、供应商、商业伙伴、所在社区、市政委员会、立法机构、议会成员、监管方和政策制定者。

2. 传达可持续的成果

因为《框架》鼓励披露与成果相关的信息，因此，从公共行业角度来说，成果是组织机构的活动和输出，对自身所需资源和关系的内外部（积极和消极）影响。一份综合报告，能够阐明机构的战略，以及如何以整合的方式使用资源和关系，以及这些资源和关系之间的相互关联和依存关系。

3. 保持长期视角

综合报告的核心是，能够从"此刻"看到"近期"，再预见"未来"。以治理结构为例。综合报告需要说明机构的治理结构，如何支撑其在短期、中期和长期创造价值的能力；同时，还需说明，机构自身如何在短期、中期和长期的利益间取得平衡。

4. 说明包括财务在内的价值

综合报告有助于描画出一幅组织机构如何使用资源进行价值创造活动的完整画面。因为，价值认可是高度主观的，因此，《框架》并不建议或要求价值的"货币化"，它强调将为自身创造的价值与为其他方创造的价值联系起来，包括关键利益相关方和社会整体。《框架》鼓励机构在描述创造价值过程中，考量自身使用到的资源以及六种资本。

（三）综合报告，如何支持长期可持续收益规划

公共行业所肩负的责任具有相对长期的特性和影响。这意味着，需要对可持续成果进行定义和规划。治理部门需要做出决策，什么是机构的下一步

目标？如何利用有限资源达到预期成果？

要取得可持续成果，包括市、镇，甚至村在内的所有类型管辖权和独立的机构，都需要做出以下几方面的决策：首先，收入水平（包括税、费等）和公共开销；其次，是预设的业绩水准，如，服务的传递或基础设施的维护，等等；最后，如何管理和说明机构的资产和负债，包括公共债务。

此外，公共行业的组织机构，还需要对期望值进行管理，即以可用的有限资源能够提供什么样的服务。在不同层级的政府和公共行业组织机构之间的资源分配，可能由多种途径来确定，甚至还会取决于宪法的安排和法制制度的结构。于是，这些限制又反过来驱动配送指标的管理和问责框架的形成，以财政规定、预算框架、投入、输出和成果目标等机制形式表达出来。因此，公共行业组织机构，需要考虑由政策、计划和决策所形成的经济、社会和环境的综合影响。例如，在做出有长期影响的决策时，特别需要将人口因素考虑在内。

《框架》就是以结构性和充满洞见的方式，帮助公共行业组织机构迎接这些复杂的挑战。

（四）综合报告，能够实现的收益有什么

综合报告的早期先行者，包括公共行业的组织机构，已认可了综合报告带来的诸多收益。一项由综合报告试点项目参与方 Black Sun 主持的研究表明，综合报告会影响到机构的各个层面，从董事会层面到执行层面，以及投资方和其他利益相关者，并使之受益（见图 10 - 1）。

（五）综合报告，能否满足日益增长的高质量信息需求

在所有的行业中，都存在着日益增长的高质量信息需求，即融合了财务和非财务业绩的信息，以支持做出更好的决策。对于公共行业组织机构来说，采用整合性思维的信息披露，融合了财务和非财务信息，对自身价值创造能够取得更为深入的了解，最终有助于应对所面对的各种挑战。通过综合信息披露，所有的利益相关者，包括高层管理人员、员工、政府官员和纳税人，能够深刻认识机构的战略、如何创造价值、需要哪些资源和关系才能塑造今天和未来的成功（见图 10 - 2）。

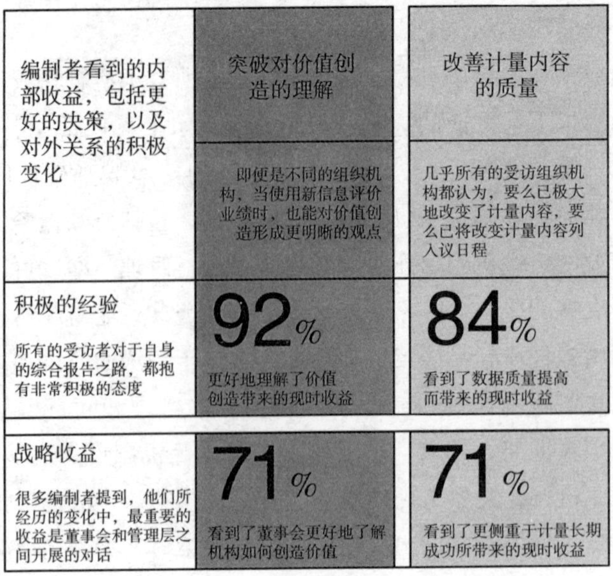

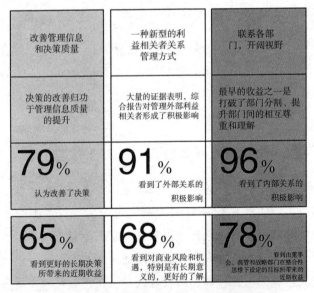

图 10 -1 实现收益：综合报告的影响

资料来源：Black Sun 的研究报告《实现收益——综合报告的影响》（2014），经本书作者整理与翻译。

图 10 -2 满足信息质量要求：综合报告的影响

资料来源：Black Sun 的研究报告《实现收益——综合报告的影响》（2014），经本书作者整理与翻译。

三、综合报告，对公共行业的影响是什么

综合报告帮助公共行业机构了解和说明，如何在广义上创造价值，鼓励在全机构范围内推行整合性思维。向综合报告迈进的组织机构，将用简洁的方式告知外界：机构如何通过战略、治理、业绩和未来，在短期、中期和长期的时间跨度内创造价值（见图 10-1 和图 10-2）。

（一）整合性思维

综合报告建立在整合性思维基础之上。整合性思维使机构积极考量经营性部门和功能性部门之间的关系，以及机构可能使用或影响到的资源和关系。整合性思维最终通向整合性决策，以及全面考量机构短期、中期和长期价值创造的行为。

很多公共行业组织机构已开始重视整合性思维。综合报告加强了此种趋势，帮助机构嵌入整合性思维，鼓励部门间的近距离协作。这样，机构就能够更好地考虑到利益相关各方的利益，对不断变化中的各方期待、可能的机遇以及威胁做出回应。

整合性思维可能带来的收益包括：以更统一、更注重短期、中期、长期价值创造的方式进行决策；使战略和目标更加稳固和更加整合；以更佳的战略视角和更广阔视野来看风险和机遇；更深入地了解经营流程和流程中的缺口，以及更多的内外部交流。

整合性思维将机构依赖的所有资源和关系（在《框架》中统称为资本）带入日常决策之中。除了对财务结果的影响，它还关注决策可能形成的更广泛的战略、社会和自然影响。整合性思维嵌入机构越多，编制综合报告越容易，所发布的报告水准也越高。

（二）高质量信息披露

一份综合报告好比一个门户，机构通过它对外交流，以清晰、简洁和可理解的方式告诉外界自身的状况。综合报告，使读者能够评价机构在未来为自身及为其他方创造价值的能力，它可以是对现行遵从要求的回应，也可以

是一份独立的报告，或成为另一份报告中极易被辨别出的组成部分。

目前，很多机构是在对外发布大量信息，但通常是由几个部门分别对外的交流，相互之间并无关联。例如，财会部门编制的财务报告、可持续发展和环境管理部门发布的可持续发展报告、总部和法律顾问部门披露的监管和遵从信息、规划和风险管理部门披露有关风险的信息以及对外交流和宣传部门开发的网站内容和由媒体发布的信息。

综合报告并不是仅仅将以上内容和其他内外部报告拼凑在一起。相反，它以整合性思维为基础，产生于内部决策者所需的信息。因此，综合报告应当是引向更高质量的信息，而不是更多的信息。

（三）国际《综合报告框架》

国际《综合报告框架》于 2013 年 12 月正式发布。公共行业的组织机构，也参与了国际综合报告委员会组织的试点项目，在框架的形成中也做出了重要贡献，代表性机构主要有南非国有企业 Transnet、新西兰邮政、世界银行、英国的国民保健服务（NHS）和约翰内斯堡市政当局。在未来，国际综合报告委员会将继续与公共行业组织机构紧密合作，以此为《框架》的成长贡献成功（或失败）的经验。

《框架》的目标是通过建立指导原则和内容要素，确定综合报告的基本内容（见图 10-3）。它以原则为导向，旨在灵活性和硬性规定之间保持适当的平衡。同时，它在充分承认组织机构间存在着差异的同时，向读者确保一定程度的信息可比性。

《框架》规定了需要包含在综合报告中的信息，用以评价机构创造价值的能力。但它并不规定必须披露的特定关键业绩指标、计量方法或某些特定的重要事项，除了一些少量要求。只有遵循了这些少量要求，才能被认为是遵循了《框架》。

（四）价值创造过程

综合报告的目的是，讲述组织机构如何利用资源和关系（《框架》中统称的"资本"），创造价值的故事。《框架》对六种类型的资本进行了定义，以及说明了价值储量如何通过机构活动和成果而发生增加、减少或转化。

图 10 - 3 《综合报告框架》中的基本概念、指导原则和内容要素

资料来源：Deloitte 发布的研究报告《综合报告是整合性思维的驱动力？综合报告在荷兰的发展》（2015）①，经本书作者翻译整理。

组织机构所拥有或适用的资本并不相同。尽管大多数机构难免都会在某种程度上与所有类型的资本产生"互动"，但有些"互动"可能会微不足道，或不直接，不必包含在整合性思维（或者说，价值创造）中，最终，也不必包含在综合报告中。

价值创造过程对于公共行业和私营行业的组织机构也是不尽相同的。但无论如何，《框架》中，价值创造流程中的关键概念，对公私两种行业的机构都是直接适用的。外部环境，包括经济条件、技术变革、社会议题和环境挑战，决定了机构运行的环境背景。整个机构的使命和愿景，用最简明的语

① 德勤（Deloitte）的报告《综合报告是整合性思维的驱动力？综合报告在荷兰的成熟度》（Integrated Reporting as a driver for Integrated Thinking？ – Maturity of ＜ IR ＞ in the Netherlands，2015）。

言确定了机构的目的和意向。一般来说，政府比起私营部门拥有更大的权力，包括建立、实施和改变法定要求的能力。受托责任，不仅是针对财务资本提供者（股东或纳税人），而且还要针对政府、公民和社区等其他各方。

机构的核心是商业模式，吸引不同的资本投入，通过机构的活动，将投入转化为输出（产品、服务、副产品和废弃物）。机构的活动和输出，最终形成成果，也是对资本的某种影响。商业模式适应变化的能力，终将影响到机构的长期生存能力。

（五）近距离审视资本

公共行业组织机构的成果要倚赖于各种资源和关系，即《框架》所指的六种资本。这六种资本，要么属于机构自身，要么属于其他机构或全社会，都是机构为取得成果所需要的投入。资本会增加、减少或通过机构的活动（改良、消耗、修改或被这些活动所影响）而发生转化。例如，当机构取得了利润，其财务资本自然得到了增长；同理，当员工受到了更好的培训，其人力资本自然也增加了。

然而，正如前文已提到的，并不是所有类型的资本对所有的组织机构都是同样相关或适用的。公共行业机构践行综合报告的前期经验说明，尽管在《框架》中，所有类型的资本都得到了描述，也有较为广泛的适用范围，但《框架》允许机构使用更为恰当的术语。例如，"制造"资本有时用"基础设施"替代更为恰当。表10-1提供了各种类型的资本，在具体公共行业背景下的实例。

表10-1 资本在公共行业中的实例

资本种类	在公共行业中的实例
财务资本	资金。机构可用于生产产品，或提供服务，是机构通过融资而获得的，如借贷、税收或补助；或通过运营或投资形成。
制造资本（或基础设施）	实物（区别于自然实物）。机构可用于生产产品，或提供服务，包括建筑物（如学校、医院和办公室）、设备和基础设施（如道路、港口、桥梁和废品及废水处理厂）。
智力资本	机构内以知识为基础的无形资产，包括知识产权（如专利、版权、软件、权利和许可）和"机构的资本"（如内隐知识、系统、程序和方案）。
人力资本	人员的胜任程度、才能和经验及创新动力，包括治理框架、风险管理方式、伦理价值，以及了解、开发和践行机构战略和忠诚度，以及改善流程、产品和服务的动力，包括他们领导、管理和协作的能力。

资本种类	在公共行业中的实例
社会和关系资本	存在于社区、利益相关群体和其他网络之中和之间，包括机构已经开发和努力建立和保护外部利益相关者的共享规范、共同价值观和行为、关键利益相关者关系以及信任和愿意，以及由机构开发的品牌和声誉等无形资产，组织机构的社会或法定运营执照。
自然资本	所有可再生和不可再生的环境资源和流程，提供产品或服务，以支持机构过去、目前或未来的发展，包括空气、水、土地、矿产和森林、生物多样性和生态系统的健康。

资料来源：IIRC 和 CIPFA 的研究报告《聚焦公共行业的价值创造》（2016），经本书作者翻译整理。

（六）关键报告内容

综合报告使组织机构能够说明什么是一段时期内影响其自身价值创造的重要因素，因此，这些因素要么能够被量化，要么能够以文字形式披露出来，或者两种兼有。公共行业的组织机构，一般不需要解释所有这些存在于各种不同资本间的复杂关系，但有必要反映出自身可能对全球资本存量产生的影响。而且，还需要披露其中的权衡取舍，例如：

● 在资本之间，或在资本构成之间，如何取舍？如就业机会的形成，增加了人力资本，但所产生的活动有可能负面影响到了环境，因此，又减少了自然资本；

● 随着时间的推移，如何取舍？如，已经决策了一系列的机构活动，但随着时间推移，似乎另一系列的活动会引起更多的资本增值，而且还需要推移到更晚时候才能实现；

● 在机构所拥有的资本和其他机构所拥有的资本，或不被任何人拥有的资本之间，如何取舍？

通过权衡和取舍，综合报告提供了一种机会：机构需要考量和审视多种行为之间的复杂联系，明确机构的目标，在为更广泛公众利益着想的前提下做出取舍。

（七）综合报告所处的"地位"

企业报告的世界里，充满了包括《公共部门国际会计准则》（International Public Sector Accounting Standards）在内的不同信息披露框架、标准和要求。《框架》并不是要取而代之。相反，综合报告好似为组织机构提供了一把大伞，将其他准则和框架都罩于伞下，其目标是勾画出一幅更全面更合乎逻辑的机构价值创造图。为此，国际综合报告委员会将在企业报告领域内具有国际影响的组织机构们聚在一起，举行了企业报告对话（CRD），参与对话的机构详见表10-2。

表 10 - 2　　　　　　参与了企业报告对话（CRD）的代表性机构

碳信息披露项目（CDP）	国际会计准则委员会（IASB）
气候披露标准委员会（CDSP）	国际综合报告委员会（IIRC）
财务会计准则委员会（FASB）	国际标准化组织（ISO）
全球报告倡议组织（GRI）	可持续发展会计准则委员会（SASB）

资料来源：IIRC 和 CIPFA 的研究报告《聚焦公共行业的价值创造》（2016），经本书作者翻译整理。

CRD 对话已发展了一个在线画图工具，展示了对话参与机构的报告倡议之间的相互联系，以帮助机构确定需要遵循的准则。[①]

（八）整合性思维：SAICA 的探索性实验

南非特许会计师协会（SAICA）在其 2015 年报告《整合性思维——一次探索性实验》[②] 中，分享了南非践行综合报告的经验，以及该如何形成整合性思维。这个研究的重点在于，南非这些组织机构是否形成了整合性思维？是否受益于此？

超过 70% 受访的执行董事和非执行董事认为，综合报告是提升组织机构内整合性思维的催化剂。一些受访者指出，其所在的机构，在开始发布综合报告之前就已取得了整合性思维。他们认为，单从成功机构的战略一项，就能看出这些机构无一例外都采纳了整合性思维。大多数受访者认为，综合报告确实有助于细化和改善机构内的整合性思维。受访者提及的关键驱动因

---

① 欲了解更多与 CRD 相关的信息，请浏览：www. corporatereportingdialogue. com/landscape-map。

② SAICA 的研究报告《综合报告——一项探索性调查》（Integrated thinking – An exploratory survey，2015）。欲阅读原文，请浏览 https：//www. saica. co. za/Portals/0/Technical/Sustainability/SA-ICAIntegratedThinkingLandscape. pdf。

素包括：日益变化的商业环境需要随之改变的战略、董事会或 CEO 层面的开明领导、满足利益相关方的需求（特别是与社会和环境相关的议题）、商业的复杂性、改善风险管理的需要、适应组织机构结构环境、与提高整合性相联系的薪酬策略以及恰当的关键业绩指标（见图 10-4）。

图 10-4 整合性思维形成的主要驱动因素

资料来源：SAICA 的研究报告《综合报告——一项探索性调查》（2015），经本书作者翻译整理。

该项目所指的整合性思维，很多益处可能还未被开发出来，但放眼未来，机构将愈加认可整合性思维所能带来的收益，从而提升竞争优势，全方位地支持机构的可持续性发展。

（九）实践综合报告

很多机构正逐步接受《框架》，探寻其原则和概念是否有助于改善内部决策，以及对内对外的信息披露。先行者的经验，将有助于其他公共行业机构踏上各自的综合报告之路。

四、综合报告，公共行业机构该如何开始

践行综合报告的体验，会因为每个机构的治理结构、现有收集信息流程的不同而有所区别。尽管细节不同，但迈向综合报告之路都可以大致分为以下步骤：下决心接受综合报告、取得高管的支持、规划流程、收集信息以及编制综合报告和从经验教训中不断学习和进步。贯穿这五个步骤的核心，是与内外部利益相关者的交流沟通。如有必要，可以完全遵循《框架》，也可以在《框架》基础上，根据公共行业和非营利组织的具体情况进行适当修改。正如一些已编制综合报告机构所分享的经验，"没有一条所谓绝对正确的路可走"。①

（一）下定决心，接受综合报告

综合报告之路的第一步，是下定决心接受它。接受综合报告的组织机构，之所以这样做，是因为看中了《框架》提供的这把大伞，通过整合性思维带来内部收益，呈现出机构活动的全景图，而不是一份包含了众多孤立议题的独立文件。

尽管国际综合报告委员会的长期愿景是使综合报告成为公共行业和私营部门的企业报告规范，但这不意味着综合报告会代替其他所有信息披露形式。不同形式的报告，对于向特定利益相关者提供特定的信息，依旧重要，它们会包含与综合报告相关的更多细节信息。例如，很多公共行业组织机构，要么是出于自愿，要么遵从政策和监管的规定，都在发布可持续发展报告，而且大多都在采纳 GRI 和 SASB 的原则。这些机构会发现，可持续发展报告中的很多信息，都能够成为综合报告中六种资本的重要"素材"。可持续发展报告完全可以成为一个为综合报告搜集可持续发展数据的平台。在可持续发展报告方面积累了经验的机构，高管层可略微松口气，因为机构已有的系统控制和鉴证流程，能够形成健全的非财务数据，从而支持综合报告向前发展。

（二）取得高管支持

最理想的状态是，从采纳综合报告的决定，到运行综合报告项目都能够得到最高管理层的全力支持。毕竟，综合信息披露需要打破部门分割，需要相互协作，需要对如何运用资本进行价值创造达成共识。

---

① 欲取得更多的相关案例经验，可浏览 www.integratedreporting.org。

当确定决策者和关键内部利益相关各方时，要考量的因素包括 CEO 的特定责任（包括部门负责人、代理机构或其他主体的责任），以及法律委员会和部长问责的监督程度和范围。根据报告主体的不同，决策者和其他关键内部利益相关者也将会有所不同。

（三）规划流程

综合报告规划应当涵盖整个流程的方方面面。为了有助于从发布报告的那一天向前回溯，在治理审批手续中要包含一个时间表，只有设定了明确的时间表和说明，才能使整个信息披露过程顺利进行。回答以下问题，有助于将注意力聚集到关键决策、行动和时机（见表 10-3）。

表 10-3   需要格外关注的决策、行动和时机

谁？	什么？
• 谁是目标读者/外部利益相关者？ • 谁将开发报告系统和分发文件，谁将为此接受培训？ • 谁将撰写综合报告？ • 高层管理人员中的谁将领导综合报告？ • 在呈报给高管团队之前，谁对报告加以审核？ • 谁将最终审批报告（如，在上报董事会之前要由审计委员会审核）？ • 谁将设计、排版和打印（内部、外部，或内外结合）？ • 谁将提供经济支持？	• 什么报告要附加到综合报告中（年报、财务报告，等等），是要打印出来，还是发布在网站上，还是两者都要做？ • 需要停止编制哪些报告？或者是转移到网站上发布？ • 什么信息将被包含在综合报告中？ • 什么样的缺口分析要做（已形成的信息和综合报告所需信息之间的缺口）？ • 什么信息需要鉴证——内部的和/或外部的——什么时候？有什么要求？ • 发布报告需要多少预算（考虑到所有在设计、印刷等方面可能的成本节省措施）？
如何？	什么时候？
• 报告中的信息将如何整理核对（对多部门/分公司投以特别关注），使用了同一标准或独立的整理核对过程吗？ • 报告的结构是如何确定的？ • 重要事项是如何被确定的？ • 报告如何发布？ • 报告的质量/精确性如何保证——第三方审计或证明？	• 团队什么时候碰面（提前计划好的）？ • 什么时候与高管和董事会面谈？ • 什么时候审批重要事项？ • 编辑报告中的信息，需要多长时间？ • 撰写报告需要多长时间？ • 什么时间发布报告？

资料来源：IIRC 和 CIPFA 的研究报告《聚焦公共行业的价值创造》(2016)，经本书作者翻译整理。

确定关键利益相关方，是规划流程中最主要的挑战。利益相关者是，那

些能够被合理预测到，可能会在一定时间跨度内极大影响机构价值创造能力的群体或个人，同时，也可能会被机构的运营活动、输出或成果极大影响到的群体或个人。利益相关者，包括财务资本提供者、员工、顾客或接受服务者、公民、供应商、商业伙伴、当地社区、非营利组织、环保团体、立法机构、监管者和政策制定者。

了解利益相关各方的想法和观点，将有助于机构分辨所面对的风险和机遇以及确定发展自身战略。这往往是说明价值如何被创造（或毁灭）的重要起点。根据机构有限的资源，来确定重要事项的优先次序时，能否成功地平衡重要利益相关群体间相互冲突的利益要求将变至关重要。

不间断地维护利益相关者关系应当成为日常商业活动的一部分，可通过日常联络、会面、圆桌会议调研和面谈等方式完成。《利益相关者参与标准》（AA1000SES）可作为此类参考指引。在确定综合报告的边界时，需考量综合报告要说明的与风险、机遇和成果相关的内容。图 10 – 5 表明的是，最具代表性的利益相关者。

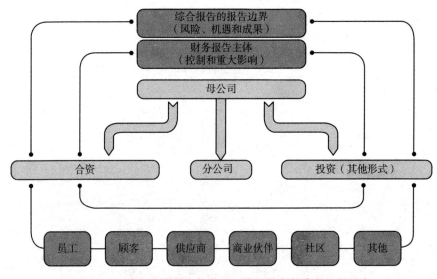

图 10 – 5 确定综合报告边界时，最需要考量的利益相关者

资料来源：IIRC 发布的国际《综合报告框架》（2013）。

机构董事会需要要求定期的反馈，使经理人能够保持对关键利益相关者法定和合理需求、利益和期望的了解，并关注机构是如何对此作出回应的。当然，关键利益相关者也需要了解机构对他们的期望。

（四）收集信息

为了确定编制综合报告需要收集哪些信息，机构需要考虑到重要性问题。还需要考量，如何将现有的信息披露流程（如内部报告、可持续发展报告和财务报表）嵌入综合报告流程中，以避免重复劳动和资源浪费。

1. 量化信息的价值

量化指标，如关键业绩指标和货币化的量度以及提供这些量化信息的背景，能有助于说明机构是如何创造价值的，如何运用和影响各种资本（资源和关系）的。

尽管只有可行和相关的量化指标才被包括在综合报告中，但需要特别说明的是，最佳的说明机构创造价值能力的方式，是将定量和定性信息结合起来。然而，量化或货币化机构在某个时间点上的价值，并不是一份综合报告的真正目标。

2. 缺口分析

刚刚开始着手编制综合报告的机构，通常会将现有的报告流程比照着《框架》，进行缺口分析，从而确定哪些是过去未曾关注过的关键业绩指标，哪些信息（定量和定性）应当包含在综合报告之中。

在进行缺口分析时，需要回答以下四个问题。

- 机构的战略是什么？优先次序是什么？
- 内部需要哪些信息？
- 外部需要哪些信息？
- 现有的信息有哪些？如，战略规划、可持续报告、年报？

一旦缺口分析确定了哪些是已有的可用信息，还需要哪些信息，就需要快速决策如何弥补信息缺口，优先收集和管理排在最重要位置的信息。

（五）编制报告

《框架》，是关于综合报告应当包含什么内容的指引。然而，因为每个机构的综合报告，需要披露什么确切内容取决于各自的具体情况，因此，内容要素以问题的形式提出（你的报告，回答这个问题了吗?），而不是一个简单的勾选清单。同时，这也使机构在讲述自己独特的价值创造故事时，保有一定的灵活性。

《框架》中的内容要素是相互联系的，也是相互影响的。基于整合性思维，内容要素，其实鼓励的是一种整合性的业绩管理。对于每类内容要素应当涵盖哪些信息，《框架》给出了建议，但并没有规定一份综合报告的结构应当是什么样子的。最终的模样，应当由机构独特的价值创造故事来确定，由包含在里面的具体信息来确定。围绕着战略目标、资本、价值链等议题，综合报告的结构具有多种形式，但不论选择了哪种结构，都要确保所有相关的内容要素都包含其中。

1. 侧重重要事项

若一份综合报告过长，要么不具可读性，要么就是重要信息被淹没在细节中，因此，机构需要确保自身报告包含的只有重要事项。只有去除了多余信息，才可能聚焦于真正的核心议题，从而改善内外部决策。

正如国际综合报告委员会与国际会计师联合会在其共同发布的报告《综合报告中的重要性》① 中所说明的，确定报告内容时要建立重要性确定过程的参数。同时，确定相关性、评估重要性，并以优先排序的方式过滤重要事项。在此基础上，设定信息披露的界限，并确定最终披露的内容。

从报告模式到读者、从目标到范围的不同，导致对重要性的解读也各异。在综合报告中，判断某一事项是否重要的标准，就是要看此事项能否极大影响机构在短期、中期以及长期价值创造的能力。确定重要性的过程，每个机构都会不同，要根据行业及其他因素以及利益相关各方的看法。

将重要性确定过程嵌入管理过程，可改善决策和信息披露的效率和效益。其中，整合性思维，以及与董事会和管理层的讨论，对于重要事项确定过程的影响是十分明显的。

---

① 国际综合报告委员会（IIRC）与国际会计师联合会（IFAC）在其共同发布的报告《综合报告中的重要性》（Materiality in < IR >，2015）。欲阅读全文，请浏览 http：//integratedreporting. org/wp-content/uploads/2015/11/1315_MaterialityinIR_Doc_4a_Interactive. pdf。

2. 审计委员会的作用

审计委员会对信息披露过程起着重要的监督作用，这关系到所有信息披露的风险和受托责任。在编制综合报告时，审计委员会的作用更是聚焦于更广泛的信息重要性和可信度上，其中一些信息有可能在编制综合报告之前并不属于审计委员会的监督范畴。

审计委员会能够确保机构的核心信息（关系到重要资本）达到尽可能高的质量和连通性要求。要做到这一点，需要通过建立和保持有效的风险管理，以及信息披露流程和系统的内部控制，还要用整合性思维通盘审核报告的内容。

（六）如何从经验中学习

推介任何新流程、新服务或新产品，都需要通过学习最佳实践而实现进步。对于综合报告的推介，也不例外。综合报告好比一个征程，机构需要持续学习，经过几个循环，才能使这种新型的信息披露方式不断发展成熟起来。定期进行"工作回顾"，可使综合报告流程更有效率。同时，还要及时分享综合报告带来的好处。

从已迈向综合报告的组织机构得到的经验来看，只有做到以下五点，才能有效推动综合报告的进程，也才可能最大化综合报告带来的收益。

• 强有力的领导：提供工作重点和活力，确保践行综合报告所带来的收益能够实现。

• 组成一个指导小组：小组成员从机构各部门抽调出来，促进综合报告项目进展顺利。例如，成员可来自财务（可能会起到关键的作用）、可持续发展、战略、内部审计、法律、沟通等部门，还需要具备特殊专业技能的人员，以及对整个机构跨部门职能有整体了解的人员。

• 委派负责的高层主管：领导指导小组，最终为报告的发布负责。

• 与利益相关各方建立良好关系：包括将整合性思维嵌入机构的各职能部门中，改善决策，更好地了解一定时间跨度内的价值创造。

• 对外陈述：这包括通过同行评议来确定综合报告是否就绪（也可以是外部咨询顾问、选定的利益相关方或内部员工）。在规划综合报告流程时，争取能够得到"最具批判精神"的坦率建议。

综合报告，在已赢得了全球格外关注的今天，并使众多企业从中受益的今天，是向几乎花掉全球 1/3GDP 的公共行业组织机构中推广综告报告的时候了。国际综合报告委员会，专门为公共行业机构设立了一系列的"可用资源"，旨在帮助机构形成整合性思维、践行综合信息披露。此外，国际综合报告委员会还联合英国特许公共财政及会计学会组织了"公共行业先行者网络"项目，期望综合报告领域的公共行业先行机构加入其中，获取宝贵的实践经验。

你，知道吗？

公共部门是什么

公共部门（Public Sector）是外来语。在以私有化为主的社会里，相对于 Private Sector 而言，其中有靠税收支撑的政府机关，也有国有企业。

公共部门的构成，因不同的国家而情况各异。但在很多国家里，公共部门提供的服务包括军事、警察、基础设施(公共道路、桥梁、隧道、供水、下水道、电网、电信通信等)、公共交通、公共教育，还有卫生保健，等等。公共部门提供的服务，往往使全社会受益，而并非个人。

结　束　语

　　在报告模式的选择上，我们认为通过《综合报告框架》可充分展现公司的核心能力。同时，《综合报告框架》属于高要求、高标准的模式，是未来趋势。我们对待年报，也应像对待业务上的挑战一样，与前沿接轨，勇于接受挑战。因此，上市后的首份年报，我们采取了《综合报告框架》来发布。

——中国广核电力股份有限公司①

　　目前，还很难计算全球共有多少家企业打算接受或正在接受综合报告，因为还缺乏一个统一明了的判断标准，只能暂时依靠组织机构"自我宣称"的数量来统计：2010 年，有 287 家机构宣称发布了综合报告，到了 2012年，这个数字增长到了 596 份。截至 2015 年，据国际综合报告委员会前CEO Paul Druckman② 介绍，全球共有超过 1500 家企业采用了《综合报告框架》进行信息披露。从国家层面，在全球，目前还只有南非一个国家强制要求所有上市公司发布综合报告。由此，综合报告还依然只能算作被为数不多的企业正在践行的管理实践。要得到广泛的接受和采纳，还需要市场和监管两种力量的合力推动。

　　对于市场驱动力来说，只有让企业切实体会到综合报告能带来的益处之后，才可能推动企业自愿践行。这些益处包括：更好地理解财务与财务业绩间的关联；极大提升内部计量和控制系统，形成更为可靠、更为及时的非财务信息；降低声誉风险；让员工更投入于本职工作；赢得更多关注可持续发

----

　　① 　系中国大陆第一家采用《综合报告框架》披露信息的上市公司。
　　② 　下一任国际综合报告委员会的 CEO 候选人为 Richard Howitt。Richard Howitt 是欧盟非财务信息披露指引的缔造者，并为国际综合报告委员会担任志愿者大使长达 5 年时间，致力于在政界和商界中推动综合报告。

展的忠实顾客；吸引更多看重长期可持续发展战略的投资人；改善与其他利益相关各方的关系；等等。①另一股推动企业践行综合报告的市场力量，来自活跃于公开或私募股权市场的大机构投资者们。在公开股权交易市场中，机构投资者因拥有足够多的股份，可在年度股东大会上甚至在股东委托书中提出建议，从而推动企业践行综合报告；在私募股权投资基金中，作为有限责任合伙人（LPs）的大机构投资者，可以要求基金提供投资组合公司的综合报告。当然，消费者也能起到不可忽视的作用：只从秉承可持续发展战略的企业购买产品，就是对企业的支持，同时，也是对没有这样做的企业施加压力。

当然，要使综合报告得到更广泛的接受，仅靠市场驱动企业自愿践行还远远不够。只有使综合报告所披露的信息，在企业或行业间具有可比性，其价值才能得到真正实现。因此，明确规定用于综合信息披露的报告框架以及披露非财务信息的准则就显得非常必要。立法只是其中的选项之一，如欧盟最近强制披露非财务信息的法规，这显然会加速对综合报告的接受。②多边组织，会在全球层面起到协调作用，促进各个国家层面的相关法律尽快实现全球趋同。例如，作为2016年20国集团轮值主席国的中国，将绿色金融作为G20的重要议题，为绿色金融顶层设计创造了历史性机遇。国家证券监管方的监管行为（如，美国的证券交易委员会和中国的证监会），通过股票交易所对上市公司要求披露综合报告的指引，也能推进综合报告的践行进程，国际证券委员会组织（IOSCO）从中起到的协调和趋同作用不可小觑。

此外，非营利组织可同时影响到投资者和企业，还可以向政府、证券及其他监管者、股票交易所施加压力，支持综合报告"运动"。市场中介机构，如会计师事务所、数据收集商、代理公司、评级机构、董事会，在推进企业践行综合报告中也能起到重要作用。会计师事务所，将会在制定综合报告的计量和披露准则中以及提供独立第三方鉴证方面大有可为，因为只有经过鉴证的综合报告才具备可信度。评级机构也应当在评级考量中考虑非财务

---

① Eccles、Krzus和Tapscott所著的《是时候实施统一报告的》（It's Time for One Report, 2010），第6章。

② 欧盟发布于2014年9月的声明《非财务信息的披露：欧洲最大企业在社会和环境议题上要更加透明》（Disclosure of non-financial information: Europe's largest companies to be more transparent on social and environmental issues, 2014）。欲了解更多，请浏览 http://europa.eu/rapid/pressrelease_STATEMENT-14-291_en.htm。

因素，因为非财务因素已成为日益重要的风险组成部分。肩负着对股东和其他利益相关各方信托责任的董事会，也需要在综合报告的帮助下更好地完成自身使命。

从某种程度上来说，可持续发展报告（还可以称为，企业社会责任报告、环境报告书、企业公民报告，等等），可视为迈向综合报告的第一步，很多企业就是在发布几年可持续发展报告之后开始践行综合信息披露的。目前，45 个国家已先后出台 180 条关于可持续发展信息披露的政策要求①，中国也不例外。自 2008 年 12 月起，中国证监会、上海股票交易所及深圳股票交易所规定了强制披露独立的企业社会责任报告范围，包括上交所的金融板块、海外上市 A 股板块和标准治理板块以及深交所深证 100 指数成分股的上市公司。2015 年 7 月，香港交易及结算所发布了《环境、社会及管制报告指引》，要求在香港地区上市公司必须基于此指引，详细披露相关情况，并鼓励有能力的企业参照更高要求的国际指引进行信息披露。此指引将对占港股市值一半的中国内地在香港地区上市公司的信息披露产生重大影响，并可能对其他内地企业的企业社会责任报告实质产生积极的影响。②

对于中国企业来说，一方面，需要密切跟踪综合报告领域最新的国际发展动态；另一方面，随着越来越多的中国企业编制出优秀的企业社会责任报告，它们终会由单一的披露模式向综合信息多层次披露模式发展过渡。现阶段，中国企业可利用编制企业社会责任报告的契机，进一步学习、完善非财务信息的计量和披露，以及整合财务信息和非财务信息，为迎接未来综合报告的编制做好准备。正如 Paul Druckman 所建议的那样，不管困难有多大，关键是要"开始"行动起来。

综合报告为企业提供了一个宝贵机会：使企业有机会去适应一种更具可持续性的商业模式、企业战略，创造企业的长期价值。尽管此种新型的信息披露形式目前面临着诸多的挑战，但它必将通过整合性思维和价值创造，改善企业的生产效率、盈利能力和可持续性，带来充满创新的未来。

---

① ACCA、IAAER 和 IIRC 发布的《满足使用者的信息需求：综合报告的使用和用处》（Meeting users' information needs：The use and usefulness of Integrated Reporting, 2016）。欲了解更多，请浏览 http：//integratedreporting. org/wp－content/uploads/2016/08/pi－use－usefulness－ir－PDF. pdf。

② 商道纵横发布的《2016 年中国企业社会责任十大趋势》。欲阅读全文，请浏览 http：//www. syntao. com/Uploads/files/2016 年中国企业社会责任十大趋势. pdf。

你，知道吗？

我国可持续发展（企业社会责任）报告发布现状

根据商道纵横的统计，2015年1月1日至2015年12月31日，在中国境内发布的企业社会责任报告1601份（或称为可持续发展报告、环境报告书、企业公民报告等），比2014年减少了457份。通过分析发现：

● 央企控股上市公司披露水平优异，在电力、煤炭开采、农林牧渔等六个行业中的平均披露率均处于第一位；

● 煤炭开采行业实质性信息披露最多，有近30%的煤炭开采行业沪深上市公司披露了1/2以上的关键定量指标；

● 披露"经济"议题下的关键定量指标的企业数量最多，鲜有企业披露"社会"议题下的指标；

● 大部分报告在披露履责情况时仍体现出所使用口径实质性的不足，实质性还有待提高。

参 考 文 献

［1］Cheryl S. Mc Watters & Yannick Lemarchand. Accounting as Story Telling：Merchant activities and commercial relations in eighteenth century France ［J］. Accounting，Auditing & Accountability Journal，2010，23（1）：14 – 54.

［2］Ruth Prickett. Transforming corporate reporting：IIRC Chair Mervyn King discusses his long involvement in corporate governance and his commitment to change the way we understand companies ［EB/OL］. https：//iaonline. theiia. org/transforming-corporate-reporting. 2014 – 04 – 18/2016 – 10 – 04.

［3］Willis A，Campagnoni P. & Gee W. Evolving corporate reporting landscape：Integrated reporting，sustainability reporting and ESG reporting ［R］. Canada：CPA Canada，2015.

［4］S. Barr. What the SEC Should Really Do about Earnings Management ［J］. CFO Magazine，1999（09）.

［5］Roxburgh C. ，Lund S. & Piotrowski J. Mapping Globe Capital Markets ［EB/OL］. http：//www. mckinsey. com/industries/private-equity-and-principal-investors/our-insights/mapping-global-capital-markets. McKinsey & Company，2011 – 08 – 10/2016 – 10 – 04.

［6］Ocean Tomo. Intangible Asset Market Value ［EB/OL］. http：//www. oceantomo. com/productsandservices/investments/intangible-market-value.

［7］WWF. Living Planet Report 2010：Biodiversity，biocapacity and Development ［EB/OL］. http：//assets. panda. org/downloads/lpr2010. pdf.

［8］The World Bank. 2015 Annual Report ［EB/OL］. https：//www. ifc. org/wps/wcm/connect/CORP_EXT_Content/IFC_External_Corporate_Site/Annual + Report/2015 + Online + Report/Printed + Version/.

［9］ OECD. Transition to a Low – Carbon Economy：Public Goals and Corporate Practice［EB/OL］. http：//www. oecd. org/corporate/mne/45513642. pdf.

［10］ International Telecommunication Union. The World in 2010：ICT Facts and Figures, Geneva［EB/OL］. http：//www. itu. int/en/ITU – D/Statistics/Documents/facts/ICTFactsFigures2015. pdf.

［11］ KPMG. Room for improvement – The KPMG Survey of Business Reporting, second edition, 2016［EB/OL］. http：//www. kpmg. com/PH/en/PH-Connect/ArticlesandPublications/thoughtleadershippublications/Documents/2016/JuneJuly% 202016% 20Thought% 20Leadership% 20Publications/Room% 20for% 20improvementThe% 20KPMG% 20Survey% 20of% 20Business% 20reporting-second% 20edition. pdf.

［12］ CIMA, PWC & Tomorrow's Company（2011）. Tomorrow's Corporate Reporting：A Critical System at Risk, 2011［EB/OL］. https：//issuu. com/cimaglobal/docs/tomorrows-corporatereportingvfapr11.

［13］ Gore A. The Future：Six Drivers of Global Change［M］. London：The Generation Foundation, 2013.

［14］ IIRC. 国际《综合报告框架》（中文版）2014［EB/OL］. http：//www. theiirc. org/wp-content/uploads/2014/04/13 – 12 – 08 – THE – INTERNA-TIONAL – IR – FRAMEWORK – CS. pdf.

［15］ IIRC. Towards Integrated Reporting – Communicating Value in the 21st Century, 2011［EB/OL］. http：//www. oceantomo. com/2013/12/09/Intangi-ble – Asset – Market – Value – Study – Release/.

［16］ Deloitte. Navigating the Evolving Sustainability Disclosure Landscape, 2014［EB/OL］. http：//www2. deloitte. Com/content/dam/Deloitte/us/Docu-ments/risk/us-aers-sustainability-reporting-landscape. pdf.

［17］ ima & ACCA. From Share Value to Shared Value：Exploring the Role of Accountants in Developing Integrated Reporting in Practice, 2016［EB/OL］. http：//www. accaglobal. com/content/dam/ACCA _ Global/Technical/integrate/acca-ima-report-from-share-value-to-shared-value. pdf.

［18］ Elliot R. K. The third Wave Breaks on the Shores of Accounting［J］.

Accounting Horizons, 1992（6：2）：61 - 85.

[19] Allen L. White New Wine, New Bottles：The Rise of Non - Financial Reporting2005 [EB/OL]. www. businesswire. com/portal/binary/com. epicentric. contentmanagement. servlet. ContentDeliveryServlet/services/ir _ and _ pr/ir _ re-source_center/editorials/2005/BSR. pdf.

[20] KPMG. The KPMG Survey of Corporate Responsibility Reporting, 2013 [EB/OL]. www. kpmg. com/Global/en/IssuesAndInsights/ArticlesPublications/cor-porate-responsibility/Documents/corporate-responsibility-reporting-survey - 2013 - exec-summary. pdf.

[21] ACCA. Sustainability Matters：ACCA Policy Paper, 2014 [EB/OL]. www. accaglobal. com/content/dam/acca/global/PDF - technical/sustainability-re-porting/tech-tp-smapp. pdf.

[22] KPMG. The KPMG Survey of Corporate Responsibility Reporting, 2013 [EB/OL]. www. kpmg. com/Global/en/IssuesAndInsights/ArticlesPublica-tions/corporate-responsibility/Documents/corporate-responsibility-reporting-survey-2013 - exec-summary. pdf.

[23] GRI. The Sustainability Content of Integrated Reports - A Survey of Pio-neers, 2013 [EB/OL]. www. globalreporting. org/resourcelibrary/GRI - IR. pdf.

[24] IRC. Preparing an Integrated Report：A Starter's Guide, 2014 [EB/OL]. www. integratedreportingsa. org/Portals/0/Documents/IRCSA_StartersGuide. pdf.

[25] SASB. The Need for SASB [EB/OL]. www. sasb. org/sasb/need.

[26] Susanne Stormer. Compliant by Choice：How Disclosure Guidelines Can Get You Ahead of the Curve, 2013 [EB/OL]. www. pharmacompliancemon-itor. com/compliant-by-choice-how-disclosure-guidelines-can-get-you-ahead-of-the-curve/5546.

[27] Black Sun Plc. Understanding Transformation：Building the Business Case for Integrated Reporting, 2012 [EB/OL]. http：//integratedreporting. org/resource/building-the-business-case-for-integrated-reporting/.

[28] Black Sun. Realizing the benefits：The impact of Integrated Reporting, 2014 [EB/OL]. http：//integratedreporting. org/wp-content/uploads/2014/09/

参考文献

IIRC. Black_. Sun_. Research. IR_. Impact. Single. pages. 18. 9. 14. pdf.

［29］ Black Sun Plc. & IIRC. The Integrated Reporting journey：The Inside Story ［EB/OL］. http：//integratedreporting. org/resource/building-the-business-case-for-integrated-reporting/.

［30］ PwC. Implementing Integrated Reporting – PwC's Practical Guide for a New Business Language, 2015 ［EB/OL］. http：//www. pwc. com/gx/en/audit-services/publications/assets/pwc-ir-practical-guide. pdf。

［31］ Robert G. Eccles & Michael P. Krzus. One Report：Integrated Reporting for a Sustainable Strategy ［M］. Hoboken：John Wiley & Sons Group, 2009.

［32］ MAZARS. Integrated Reporting：how far have we come?, 2016 ［EB/OL］. http：//integratedreporting. org/wp-content/uploads/2016/01/Mazars _ In-surers-reports – Benchmark – 2015 – 3. pdf.

［33］ ACCA & IAAER. Meeting users' information needs：The use and use-fulness of Integrated Reporting, 2016 ［EB/OL］. http：//integratedreporting. org/wp-content/uploads/2016/08/pi-use-usefulness-ir – PDF. pdf.

［34］ MIA & ACCA MALAYSIA. MIA – ACCA Integrated Reporting Survey, 2016 ［EB/OL］. http：//integratedreporting. org/wp-content/uploads/2016/09/ MIA – ACCA – IR – survey-report _ 2016. pdf. pdf.

［35］ Singapore PwC & NUS Business School. Towards Better Business Re-porting, 2015 ［EB/OL］. http：//www. kpmg. com/SG/en/IssuesAndInsights/ ArticlesPublications/Documents/Towards – Better – Business – Reporting. pdf.

［36］ Paul Druckman. Creating Value：Value to investors ［EB/OL］. ht-tp：//integratedreporting. org/wp-content/uploads/2015/04/Creating – Value-In-vestors. pdf.

［37］ EY. EY's Excellence in Integrated Reporting Awards 2016：A survey of integrated reports from South Africa's top 100 JSE listed companies and top ten state-owned companies, 2016 ［EB/OL］. http：//integratedreporting. org/wp-content/uploads/2016/08/EYs – Excellence-in-Integrated – Reporting – 2016 _fi-nal_Web. pdf.

［38］ Nkonki. Insights into the Top 100 * JSE Listed Companies：Integrated

Reporting Trends, 2016 [EB/OL]. http：//www. nkonki. com/images/insights/ jse-listed-companies/151003_JSE_ Nkonki_Top_100_report_email_version. pdf.

［39］ SAICA. Integrated Thinking：An exploratory survey, 2015 [EB/OL]. www. integratedreportingsa. org.

［40］ 陈韦如. 南非公司治理制度演变与启示 [D]. 湘潭：湘潭大学, 2014.

［41］ Nkonki. Integrated Reporting | A continued journey for Public Sector Entities in South Africa, 2016 [EB/OL]. http：//www. nkonki. com/images/in-tegrated-reporting/SOC/2016/160905 _ SOC _ Integrated _ Reporting _Awards_ Brochure_email_version. pdf.

［42］ AEGON, GENERALI & MAZARS. Value Creation in the Insurance and Reinsurance Industry, 2015 [EB/OL]. http：//integratedreporting. org/wp-con-tent/uploads/2015/03/Business – Case – IR – Insurance – Industry – Network – 2015. pdf.

［43］ Mckinsey & company. Insurance on the threshold of digitization：Implica-tions for the Life and P&C workforce, 2015 [EB/OL]. http：//www. mckin-sey. com/industries/financial-services/our-insights/insurance-on-the-threshold-of-digi-tization.

［44］ Mazars. Integrated Reporting：How Far Have We Come? A Look at Insurers Annual Reports, 2016 [EB/OL]. http：//integratedreporting. org/wp-content/uploads/2016/01/Mazars _ Insurers-reports – Benchmark – 2015 – 3. pdf.

［45］ AXA. 2014 ACTIVITY AND CORPORATE RESPONSIBILITY RE-PORT, 2014 [EB/OL]. https：//cdn. axa. com/www-axa-com% 2F1bb6aa28 – 4135 – 4c34 – a8bb – 8695c81cc23d_publica tion2en. pdf.

［46］ Aegon. AEGON's 2015 Review Creating meaningful connections [EB/ OL]. http：//www. aegon. Com/Documents/aegon-com/Sitewide/Reports-and – Other – Publications/Annual-reports/2015/Aegon – Annual – Review – 2015. pdf.

［47］ PwC. 17th Annual CEO survey, 2014 [EB/OL]. http：//www. pwc. com/gx/en/ceo-agenda/ceosurvey/2015/download. html PwC 17th Annual CEO survey.

［48］ PwC. Corporate performance：What do investors want to know? Powerful stories through integrated reporting，2014 ［EB/OL］. http：//www. pwc. co. nz/PWC. NZ/media/pdf-documents/assurance/pwc-corporate-performance-series－3－powerful-stories-through-integrated-reporting－2015. pdf.

［49］ PwC Netherlands. Implementing integrated reporting：PwC's practical guide to a new business language，2015 ［EB/OL］. http：//www. pwc. nl/nl/assets/documents/pwc-implementing-integrated-reporting. pdf.

［50］ IAAER & ACCA. Factors affecting preparers' and auditors' judgements about materiality and conciseness in Integrated Reporting，2016 ［EB/OL］. http：//cn. accaglobal. com/ueditor/php/upload/file/20160829/74. % 20preparer % 20and% 20auditor% 20－% 20materiality% 20conciseness% 20IR. pdf.

［51］ IMA. Integrated Reporting，2016 ［EB/OL］. http：//www. imanet. org/insights-and-trends/external-reporting-and-disclosure-management/integrated-reporting.

［52］ CIMA & AICPA. JOINING THE DOTS－DECISION MAKING FOR A NEW ERA，2016 ［EB/OL］. http：//www. cgma. org/Resources/Downloadable-Documents/Joining% 20The% 20Dots% 20－% 20Report. pdf.

［53］ EY. Integrated Reporting：Elevating Value，2014 ［EB/OL］. http：//www. ey. com/Publication/vwLUAssets/EY － Integrated-reporting/MYMFile/EY－Integrated-reporting. pdf.

［54］ ACCA. The Challenges of Assuring Integrated Reports：Views from the South African Auditing Community，2015 ［EB/OL］. http：//www. accaglobal. com/content/dam/ACCA_ Global/Technical/integrate/ea-south-africa－IR－assurance. pdf.

［55］ Mark Hoffman. Applying Integrated Reporting principles in the public sector，2013 ［EB/OL］. https：//home. kpmg. com/xx/en/home/insights/2013/04/integrated-reporting. html.

［56］ IIRC & CIPFA. Focusing on value creation in the public sector：An introduction for leaders，2016 ［EB/OL］. http：//integratedreporting. org/wp-content/uploads/2016/09/Focusing-on-value-creation-in-the-public-sector-vFINAL. pdf.

［57］ IIRC & IFAC. Materiality in ＜IR＞, 2015 ［EB/OL］. http：//inte-
gratedreporting. org/wp-content/uploads/2015/11/1315_MaterialityinIR_Doc_4a_
Interactive. pdf。

［58］ Eccles, Krzus & Tapscott. It's Time for One Report ［M］. John Wiley
& Sons, Inc. , 2015.

［59］ 商道纵横. 2016 年中国企业社会责任十大趋势 ［R］. 北京：商道
纵横，2015.

［60］ 商道纵横. 价值发现之旅 2015——中国企业社会责任报告研究
［R］. 北京：商道纵横，2016.

参考文献